JN119296

職業リハビリテーションにおける

精神障害・発達障害のある人の就労を支える

認知行動療法の実践

池田浩之　谷口敏淳　編著

tomi
shobo
遠見書房

まえがき

　この本は，職業リハビリテーション領域において，どのように認知行動療法を活用・適応していくのか，実践的な内容を紹介しています。すでに就労支援を行って数年経過しているけれど，より専門的な心理的技術を活かして就労支援の効果を高めたい方や，就労支援をこれから行う方・始めて間もない方を想定した内容にしています。

　精神障害や発達障害のある者に対する就労支援が就労系福祉サービスとして展開されるようになって 15 年が経ちました。制度化されたことでより多くの支援者がこの領域に携わるようになり，たくさんのサービス受給者に対する実践結果をもって，支援技術が発展してきました。この本の執筆者の多くがその最先端の現場に身を投じながら実践や研究をされてきた方々であり，これまでの経験によって培われた【臨床の知】をふんだんに含んだ内容に仕上がっています。就労支援を受ける対象者ごとにたくさんの条件・変数が複雑に絡み合って展開されていく就労支援の奥深さ，その中で認知行動療法という要素がどのように機能していくのか，ぜひ体感していただけたらと思います。

　この本は，日本認知・行動療法学会で 2021 年までに実施した 6 回の自主シンポジウムや大会企画シンポジウム，2 回のワークショップが基となって構成されています。この本を企画した中で大事にしたことは現場の経験・事例を含めた内容にするということでした。次の図をご覧ください (図 0-1)。これは筆者が就労支援そのものの研修を行う際に紹介している内容です。就労支援のパフォーマンスを高めていくためにはどの要素を意識していけばよいのかということを伝えている図です。マインド・テクニック・フィジカルという，古来よりある日本武道の精神「心・技・体」のフレームにあてはめて整理しています。

　就労支援に認知行動療法を用いるという内容はどちらかというとテクニカルな内容におさまることでしょう。しかし，就労支援はその部分だけ修めれば完結するというものではありません。なぜ就労支援が必要なのか，支援を受ける精神障害・発達障害のある方々はどんな思いを抱いているか，支援者としてもたないといけない理念は何か，といったマインドの醸成や，それらマインドや

マインド

・ なぜ支援が必要なのか
　（知識・社会情勢・社会福祉としての視点）
・ 当事者はどのような思いや目標があるのか
・ 働くということの意味は？
　支援の【方向性】【思い】【理念】

テクニック　⟷　フィジカル

・ 自分の体調の把握・維持
　（身体・認知）
・ 自身の支援法の
　長所・短所の把握と改善
　支援実施者の
　【安定したパフォーマンス】

・ ミクロ的アプローチ
　就労支援環境に適応させた理論や介入法
　（認知行動療法・応用行動分析など）
・ メゾ的アプローチ
　支援システムとしてのチームや所属組織
　の適応・改変
・ マクロ的アプローチ
　地域や国の体制・制度の適応・改変
　支援の【技術】

図 0-1　就労支援におけるパフォーマンスについて

テクニックを用いる自分自身の特徴（長所・短所）は何なのか，パフォーマンスを発揮する上で自身はどのような傾向があるか（発揮しやすい，発揮しづらい状況・状態は何か）といった自分のフィジカル面を知る・整えることを三位一体としてバランスよく高めていくことが必要であると考えています。どれも大事で，どれか欠けていても不十分なのです。

　そのような就労支援のパフォーマンスという観点においても，本書の執筆者はとてもバランスの良い実践家であると考えております。テクニカルな内容の中にマインド的要素が多く含まれた内容が記載されていることと思います。第1章では，大島先生，加藤先生がそれぞれ精神障害のある者の支援，発達障害のある者の支援という文脈から職業リハビリテーションの成り立ちと，認知行動療法の適応可能性について触れられております。特に大島先生は認知行動療法が就労支援における効果的援助要素となりうる可能性を示唆されており，今後職業リハビリテーションにおける認知行動療法の発展が期待されます。読者のみなさまも大いに参考にできる点が多いかと思います。第2章〜第4章で

は，福祉・医療・産業領域での認知行動療法の実践や背景理論が記載されています。就労支援は領域横断的に展開されています。それぞれ違った立場の先生方からそれぞれのキャリアを踏まえた報告がなされています。内容はさまざまですが，読んでいただくと実は共通点の多い支援・認知行動療法の適応となっていることがはっきりとわかると思います。支援環境に応じた意義・限界はあるものの，就労支援全体としての方向性を感じとれることと思います。合間に挟まれているコラムでは，読み手のみなさまがこの本の内容を理解するうえで必要なエッセンスが，筆者の先生方のウィットに富んだ切り口で書かれています。最後に第5章では職場定着のための実践，第6章では職業リハビリテーション従事者の育成という，今後の就労支援技術の発展・領域の発展を視野に入れた先進的な内容を掲載しております。現在就労支援に携わり，キャリア年数が増えた方々や管理職に携わられている方々には特に読んでいただきたい内容となっております。本書をぜひ日々の就労支援実践へ活かしていただけたらと思います。

　終わりにこの本は，筆者にとっては2008年から歩んだ就労支援のキャリアそのものを記した思い入れのある一冊であります。ここまでの道のりは筆者にとっては大変つらく険しい道でしたが，たくさんの方々に支えていただいてようやくたどり着いた一つのPassing pointになります。お世話になった方々へ少しでもご恩をお返しできたらという思いでいっぱいです。精一杯の感謝の思いを込めまして，はじめのご挨拶とさせていただきます。

2023年3月吉日

池田浩之

目　　次

目　　次

7

職業リハビリテーションにおける
認知行動療法の実践

精神障害・発達障害のある人の就労を支える

第1章

職業リハビリテーションの成り立ち

大島　巌／加藤美朗

第1節
職業リハビリテーションの支援ゴールから見た
認知行動療法（CBT）の位置

CBT を組み合わせた効果的な就労支援モデル構築に向けて
：精神保健福祉領域を中心に

大島　巌

1．はじめに

　一般就労を希望する精神障害のある人たちの数は大変に多いにも関わらず（60-70%；後述），現行の就労支援制度ではその「働きたい思い」の実現は必ずしも容易ではありません。これは，精神障害・発達障害のある人たちの障害特性やニーズに対応した，適切で有効な援助方法，援助技術が就労支援の現場で確立していなかったこと，効果的な援助方法や援助技術を取り入れた，適切な就労支援施策の開発と導入が遅れていたことが原因と考えられます（大島，2009；2016）。

　しかしながら近年，精神障害・発達障害のある人たちを対象にした就労支援施策が，少しずつ積極的に取り組まれるようになりました。法定雇用率の適用，職場適応援助者（ジョブコーチ）による支援，障害者試行雇用（トライアル雇用）事業，障害者総合支援法の就労移行支援事業の導入などです。本書で取り

上げる効果的な認知行動療法（CBT）への注目と先駆的な取り組みの活性化も，この潮流の一部と考えられます。

　これら取り組みは，実践現場の中では，職業リハビリテーション（Vocational Rehabilitation；VR）の支援ゴール達成の観点から有機的に組合わせて一体的に実施すること，そしてそれを有効な支援モデルに構築して，成果を検証することが重要と考えます。特に CBT はエビデンスに基づく有効な支援法ですが，障害のある当事者の「働きたい思い」の実現を直接的に目指すアプローチになるためには，そのための組織的な対応と十分な配慮が必要です。VR の支援ゴール達成を目指す他の有効な取り組み（後述する IPS 援助付き雇用（Becher & Drake, 2003）等の社会プログラム）と有機的に組み合わせて，より効果的な支援モデル構築を期待できます。

　本節では，まず VR の支援ゴールを，その定義と国際生活機能分類（ICF）の観点（WHO, 2001）から明らかにします。その上で，特に精神障害（知的障害の伴わない発達障害を含む）のある方の支援ゴール達成にとって，既存の障害者就労支援の制度・サービスの有効性はどうなのか，より有効なアプローチはどのように構想できるのか，またその中でエビデンスに基づく有効な支援法である CBT の導入はどのように位置づけられるのかを提示することにします。その上で，保健・医療・福祉・心理・教育・雇用等が連携・協働して取り組める，効果的な就労支援モデルの構築を，CBT を取り入れながら進める方法を検討したいと考えます。

2．職業リハビリテーションの支援ゴールと認知行動療法の位置

1）職業リハビリテーション（VR）の定義と支援ゴール

　ここでは VR の定義を示し，目指される支援ゴールを明らかにします。

　まず最初にリハビリテーションの語源は，「re（再び）」と「habilis（人としてふさわしい状態にする）」にあります。このため，単に障害からの機能回復を目指したものではなく，「人としてふさわしい状態に再びなるために」実施される活動，「生活の質（QOL）」全体の向上をはかる活動の総体がリハビリテーションと言えます（松為，2021: 31-35）。その活動は，主に医学・教育・社会・職業の4領域で組織的，総合的に行うことが期待されます。このように VR は，総合的なリハビリテーション全体の中で，職業領域という特定領域で行われる

活動を指しています。

　国際的には，国際労働機関（ILO）の定義が多く用いられます。ILO 第 99 号勧告（1955 年）の古い定義では，「職業リハビリテーションとは，継続的かつ総合的リハビリテーション過程のうち，障害者が適当な職業の場を得，かつそれを継続することができるようにするための職業的サービス，例えば職業指導，職業訓練，及び選択的職業紹介を提供する部分をいう」としています（松為，2021: 48-50）。

　この定義における VR の支援ゴールは，「障害者が適当な職業の場を得，かつそれを継続することができるようにする」ことでした。その後, ILO 第 159 号条約（1983 年）では，「職業リハビリテーションの目的は，障害者が適当な雇用（employment）に就き，これを継続し，かつ，その職業において向上することを可能にすること，並びに，それにより障害者の社会への統合または再統合を促進することにある」です。また雇用は，一般企業への雇用だけでなく，自営や保護的雇用も含めた幅広い概念としています（松為，2021: 48-50）。

　このように VR の支援ゴールは，単に就業に結び付けるだけではなく，職場へ定着すること，さらには昇進や待遇等で「向上」すること，障害者の社会への統合や再統合を促進することが加えられ,幅広いものになりました。「生活の質（QOL）」向上までが射程に入りました。

２）職業リハビリテーション（VR）における認知行動療法（CBT）の位置
　さてこれら VR の支援ゴールは，WHO 国際生活機能分類（ICF）では，職業領域における「参加」レベルの課題改善や向上と位置づけられます（WHO, 2001）（図 1-1 参照）。

　ICF「参加の制約」に関する課題一般については，職業領域の「働きたくても働くことができない」以外にも，「地域で安定した生活をしたくとも再発・再入院を繰り返す」や「長期間のひきこもりで家族から独り立ちや社会参加がうまくいかない」など，多くの重大な社会的諸課題も存在します。これら「参加」レベルの社会課題の解決・改善に向けて，主には社会福祉制度などの社会プログラムが，組織的な体制を組んで対応します。

　これに対して，CBT は ICF の「活動」レベルや「心身機能・構造」レベルの課題解決を中核に据えたエビデンスのある取り組みです。「参加」レベルの課題

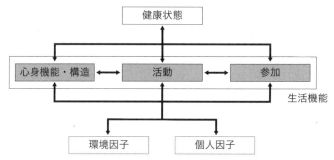

図 1-1　WHO 国際生活機能分類 ICF における生活機能モデル

解決を直接的に目指す社会プログラムとの有機的な組み合わせなどを考慮する必要があります。

　「参加」レベルの課題解決をはかる，エビデンスに基づく効果的な「社会プログラム」が，VR領域等ではまだ十分に明らかになっていない段階では，支援ゴールの達成が期待できるプログラムを設計・開発し，それをより効果的なものへと形成・発展させて，EBP（Evidence-Based Practice）等の「効果モデル」を構築する必要があります（大島ら，2019）。

　その際に，ICFの枠組みでは「参加」レベルの課題解決・改善には，ICFの「活動」や「心身機能・構造」「健康状態」の各レベル，さらには「環境因子」や「個人因子」の各因子の改善が深く関わります。社会プログラムの「効果モデル」は，その支援ゴール達成に深く関わる，これら各レベル・各因子の「効果的援助要素（critical components）」（Bond et al., 2000；大島ら，2019）を適切に設定することで，その構築が可能になります。前述した通りCBTは，「活動」レベルや，「心身機能・構造」レベルの課題解決にエビデンスがある取り組みです。「参加」レベルの課題解決を目指す社会プログラム（就労移行支援事業等）にとっては，重要な「効果的援助要素」の一つと位置づけることができるのです。

3．精神障害のある人たちの就労ニーズと，雇用の現状・課題〜従来の就労支援制度は「働きたい思い」の実現に有効だったか〜

　この項では，精神障害のある人たちの就労ニーズと雇用の現状について，大島（2016: 223-241）の著書に基づいて整理したいと思います。同時に，従来

の就労支援制度は精神障害のある人たちの就労ニーズを満たすことには十分ではありませんでした。その要因を整理すると共に，CBT導入の可能性と課題についても触れておきたいと思います。

1）精神障害のある人たちに就労支援が重要な理由，そのニーズ

　精神障害のある人たちにとって就労支援が重要な理由は，多くの人たちが社会一般の人たちと同様に一般の職場で働きたいと思っているからです。日本で行われたいくつかの全国調査では，デイケアや社会復帰施設に通う人の60-70％が一般就労を望んでいました（全家連保健福祉研究所,1994；2000）。
　しかしながら，障害のある人たちのうち自らが望む一般就労を実現する人は僅かです。精神障害者社会復帰サービス等調査では，「会社」に就労している人は，全精神障害の20.6％，統合失調症の12.9％でした（日本精神科病院協会, 2003）。
　これら統計は少々古いものですが，その後に全国規模の同様の調査がありません。ある程度現在の状況を反映する統計と考えて提示しました。
　ただし近年,精神障害に関わる雇用状況は大きく変化しています。障害のある雇用労働者（従業員5人以上の事業所に勤務）のうち，精神障害のある人たちは現在216,000人,全障害の26.3％を占めています（2018年障害者雇用実態調査）。この数字は2008年の29,000人（全障害の6.5％）,2013年の46,143人（同8.5％）に比べて大幅に増加しています（ただし2018年調査は調査方法が異なる）。また現在のハローワークを通じた職業紹介状況（2020年度）では，精神障害は40,624件で全体の45.2％です。この数字も2005年の4,665件（12.0％）から，2015年には38,396件（42.6％）となっており急激な増加傾向にあります。このように，精神障害に法定雇用率適用がされた2006年頃から雇用状況に大きな進展があり，就労ニーズに変化が生じている可能性があります。

2）一般就労が進まない原因

　精神障害のある人たちの一般就労が進まない原因はいくつかあります。一つの重要な要因は，彼らのニーズや特性に配慮した有効で適切な援助方法，援助技術が未確立であることです。

15

　小規模作業所に通所する 1,798 人を対象にした全国ニーズ調査で，仕事に対する自信の程度を尋ねた結果，「自信がない」こととして，「1 日 8 時間働く」は 46.8％，「他の人と同じペースで働く」は 28.1％が回答しました。一方で仕事が可能となる条件としては，「休みや通院時間が自由な制度」が 36.9％で他を圧倒していました。そして，「週 10-20 時間の短時間就労」（13.3％），「週 20-30 時間の短時間就労」（10.1％）と短時間就労が多く選ばれました。また「スタッフがサポートする制度」も 9.6％ありました（全家連保健福祉研究所，2000）。

　このように精神障害のある人たちが就労するには，短時間就労を含めた時間面の配慮と，対人的なサポートが重要であることが示唆されます。

3）従来型就労支援プログラムの特徴

　障害のある人たちに対する就労支援施策には長い歴史があり，多様な制度が積み上げられて来ました。ただしその主な対象は身体障害や知的障害でした。日本の障害者雇用体系を整理すると，対人サービスが伴う就労支援は，（1）障害者雇用率制度に加えて，対人サービスとしては，（2）職業指導・職業紹介（Placement）と，（3）職業訓練・職業能力開発（Train）に分類されます。後ほど取り上げる IPS（Individual Placement and Support）援助付き雇用の職業紹介（placement）に当たるのが「（2）職業指導・職業紹介」であり，就職後の職業訓練（Train）を含むサポート（Support）に当たるのが「（3）職業訓練・職業能力開発」です。日本の障害者雇用に関する対人サービスは，この（2）と（3）の大きな支援体系から成り立っています。

　このうち，「（2）職業指導・職業紹介」の中心はハローワークです。「（3）職業訓練・職業能力開発」では，働くためのスキルを身につける職業訓練校があります。また民間が能力開発訓練として，職場の中で訓練を行う制度があります。職場適応援助者（ジョブコーチ）というコーチ役がおり，職場定着時に調整をしその場でのスキルを身につける支援を行います（OJT; On the Job Training）。また就労のお試し期間中に事業所に補助金が出る障害者試行雇用（トライアル雇用）事業もあります。

4）従来型の就労支援制度は，「働きたい思い」の実現に有効か

　従来型の就労支援プログラムの特徴は，次の3点に整理できます（Becker & Drake, 2003；大島，2009）。結論を先に言うと，これらの特徴は，残念ながら精神障害のある人の一般就労支援においてはさまざまな困難を生み出します。

　まず第1に，ステップアップ型段階的就労支援モデルです。すなわち一般就労前に必要な準備訓練が前提になります。準備訓練の前段階では「客観的な」就労前アセスメントが行われ，アセスメント結果に基づいて職業準備性の訓練や職業訓練が行われます。

　これに対して精神障害のある人たちの場合，訓練期間中の単純作業などを行う中で，就労モチベーションを維持するのが困難になります。就労前訓練は，「退屈で挑戦のしがいがなく非現実的」であることが多いのです（Becker & Drake, 2003；Bond, 2005）。また客観的なアセスメントを重視するため，希望する仕事に十分に目が向けられません（Becker & Drake, 2003）。精神障害のある人には，当事者本人の希望を優先し，就労モチベーションを重視するアプローチが必要とされます。

　第2にフルタイム雇用が求められることです（Becker & Drake, 2003）。前項に示したように，精神障害のある人たちには就労時間に対する配慮が必要です。しかしフルタイム雇用の場合には，時間の融通性が低くなります。また短時間就労も，法制度上は週20-30時間とされるため，例えばまずは週5時間程度一般就労をするという選択肢が選びにくいのです。

　第3に職業紹介や職場定着の支援とそれ以降の支援が連続的に提供されないことです（Becker & Drake, 2003）。精神障害のある人たちは調子に波があることが多く，多かれ少なかれ継続的なフォローアップ支援が不可欠です。また支援者との関係づくりも重要です。関係づくりのできた支援者による継続的な対人的なサポートが就労支援の成否に関わります。しかし現行制度では，関係づくりから関わった支援者による継続的な職場定着，継続支援の一貫した支援が保証されていません。

5）新しい制度創設の動き

　以上について，近年は精神障害のある人等に対する就労支援の実情に基づい

て，より実際的な制度モデルが取り入れられています。

　例えば，前項第2の「フルタイム雇用」については，精神障害者ステップアップ雇用制度が導入され，週の労働時間10時間以上の設定が可能になりました。また「③職業訓練・職業能力開発」の事業である職場適応援助者（ジョブコーチ）は，精神障害では継続支援に時間を要する場合があるため適用期限が柔軟になりました。

　また前項第3の支援の連続性については，障害者就業・生活支援センターや，ハローワークにおける「障害者就労移行支援チーム」の運用，就労移行支援事業所と就業・生活支援センターの連携モデルの構築，医療機関等との連携による精神障害者のジョブガイダンス事業など，継続的なフォローアップ支援も可能になっています。

　ところで，認知行動療法（CBT）については，本書の第2章から第5章までに提示されるように，それぞれの就労支援の場で，効果的に活用できるCBTのあり方が，いま熱心に探索されています。今後それぞれの就労支援の場で，VRのいくつかの支援ゴール「希望する仕事に就く」「仕事を継続する」「仕事によって生活の質（QOL）を向上させる」等に向けた取り組み（社会プログラム等）をより効果的なものへと発展させることが期待されます。そのために各就労支援の場で，CBTをより適切に活用する方法を検討することが必要です。この点は，後ほど改めて「プログラム開発と評価」の観点から触れたいと思います。

　一方で，特に精神障害領域では，前項4）の第1で指摘した準備訓練段階を当事者本人の希望によって行うこと，就労モチベーション維持へ留意することが課題になります。また第3で取り上げた連続的で，協働に基づく支援体制の中でCBTが活用される必要があります。CBT導入にあたって，十分な配慮が必要な事項と考えます。

4. 職業リハビリテーションの支援ゴール達成に有効な支援プログラム〜 IPS援助付き雇用に注目して〜

　ここでは精神障害のある人のVRの支援ゴール達成に有効な支援プログラムとして，IPS援助付き雇用を取り上げ，その概要を示すと共に，CBTを「効果的援助要素」として取り入れる可能性や課題について示します。

1）新しい就労支援プログラム IPS 援助付き雇用の定義と特徴

　前述した通り，近年，精神障害のある人たちへの就労支援において新しい就労支援アプローチである IPS 援助付き雇用プログラムが世界的に注目され，社会実装が進められています。IPS 援助付き雇用の定義と概要は次の通りです（Becker & Drake, 2003；大島，2016）。

　就労支援領域のケアマネジャー的な役割を果たす就労支援スペシャリスト（ES）を中心とする多職種チームで提供される個別就労支援アプローチです。当事者の好みや選択によって，就労支援を希望するすべての精神障害のある人たちに，事前に職業準備訓練を提供することなく，たとえ短時間や限られた期間の仕事であっても，できるだけ速やかに一般就労の機会を提供します。

　IPS 援助付き雇用は，一般就労率の向上に良好で頑強な結果が導かれています。コクランライブラリーのシステマティックレビューでも取り上げられており，基準を満たす 14 の RCT 研究が分析され，IPS 群が一般就労率を高めることが結論されています（Kinoshita et al., 2013）。

2）IPS の「効果的援助要素」，フィデリティ尺度

　IPS 援助付き雇用では，就労率等の支援成果に結びつくプログラム要素は，「効果的援助要素（critical components）」と呼ばれます。これら要素は，フィデリティ尺度（効果的プログラムモデルへの準拠度）に整理され，IPS 実施のモニタリング等にも活用されます（Bond et al., 2000；大島，2016）。

　表 1-1 には，IPS フィデリティ尺度（15 項目版）の尺度項目を示しました（Becker & Drake, 2003；大島，2016）。各項目は効果的な就労支援プログラムモデルを構成する主要なプログラム要素です（Bond et al., 2000；大島，2016）。

　IPS 援助付き雇用プログラムの特徴は，15 項目のフィデリティ尺度項目に反映され，次の 6 点に整理できます（大島，2009）。すなわち，（1）利用資格は当事者の選択に基づく，（2）援助付き雇用を精神保健臨床サービスと一体的に提供，（3）短時間であってもあくまでも一般就労が目標，（4）迅速な求職活動（開始後 1 カ月以内），（5）当事者の希望に基づく個別化された求職活動を行う，（6）継続的なフォローアップを行う，です。これらは，前述の通り精神障害のある人の就労ニーズや特性に合致しています。

表 1-1　IPS フィデリティ尺度項目（15 項目版）

A　スタッフ配置
1．ケースロードの大きさ：一人担当 25 人まで
2．職業サービススタッフ：職業サービスのみ担当
3．職業ジェネラリスト：全側面の職業サービス担当
B　組　織
1．精神保健援助とリハビリテーションの統合
2．職業ユニット：集団スーパービジョンで共有化
3．除外基準なし：仕事の準備性や物質乱用等を除外基準としない
C．サービス
1．進行中の仕事に基づく職業的アセスメント
2．一般就労のための迅速な求職活動
3．個別化された求職活動
4．職場開拓の多様性
5．開拓された仕事の永続性
6．職場の変更：適切な場合は新しい仕事を探すことを支援する
7．継続・同行支援：無期限で提供
8．地域ベースのサービス
9．積極的関係づくりとアウトリーチ

３）IPS に認知機能リハビリテーションを統合した取り組み

　さて現在，CBT は IPS 援助付き雇用（以下：IPS）の「効果的援助要素」に
は組み入れられていません。これに対して McGurk et al., (2007) は，IPS に，
認知機能リハビリテーション（以下：認知リハ）を統合したプログラムの有効
性を RCT を用いたプログラム評価で検証しました。その結果，統合した取り
組み（IPS+ 認知リハ）は，IPS 単独で実施するのに比べて，一般就労への就労
率，雇用継続率，得られた賃金などの 2-3 年間の指標が有意に上回ることを明
らかにしています。さらに McGurk et al., (2015) は，IPS 単独で就労効果の
ない 107 例に対して，IPS 単独継続群と IPS に認知リハを追加した介入を行っ
た RCT 研究の結果，認知リハを追加したグループで，２年間の就労効果指標
が有意に改善すると共に，認知機能にも改善が認められる成果を明らかにしま
した。池淵（2018）は，IPS に認知リハを統合した自らの研究成果も踏まえな

がら，「精神障害リハビリテーションのなかでこそ認知機能の改善は生かせる」と述べています。

　IPS の原理に関わる特徴には，認知リハを行うに際して留意が必要な事項があります。それは，前項2）の6点から見ると，（4）迅速な求職活動と，（5）当事者の希望に基づく個別化された求職活動を行うという点です。IPS 理念に合致した十分な配慮の下で認知リハを行うのであれば，IPS の「効果的援助要素」に認知リハを追加することは可能と考えます。

5．CBT を組み合わせた効果的な就労支援モデル構築の可能性

　前述した通り，本書の第2章から第5章では，それぞれの「就労支援の場」で，有効に活用できる CBT のあり方が探索されています。他方で，CBT 自体は，障害のある当事者の精神的健康や社会機能の改善，社会的スキルの向上などに，エビデンスレベルの高い成果を上げる有効な支援法です。ただしそれは，ICF では「活動」あるいは「心身機能・構造」レベルの課題改善や向上に有効な支援方法です（図 1-2 参照）。

　このように ICF「活動」レベル等では有効な支援法（CBT）を，各就労支援の場の中で，「参加」レベルの社会課題解決（「働きたい思い」の実現等）という，組織や多職種チームで取り組むべき支援ゴール達成に向けて，効果的に活用する方法を探求することが重要です。

　例えば前小節4．では，IPS という国際的な就労成果が認証されている社会プログラムに対して，認知リハを統合することによって，より優れた就労成果がもたらされる可能性を示しました。この研究成果を受けて次に考慮すべき課題は，IPS というチームアプローチに対して，どのように認知リハを導入するのか，それをチーム内でどう共有し，活用するのかといった組織課題に応える取り組みです。IPS の理念や原理を大切にしながらも，どのようなタイミング（支援プロセス）で認知リハを導入し，成果をチームで共有・活用する体制を作るのかが問われてきます。ここで記した「認知リハの導入方法」や「そのタイミング」，「成果の共有と活用」等は，IPS というチームアプローチの「効果的援助要素」の一部になりうる要素です。

　本書第2章から第5章で取り上げる各就労支援の場で導入されている CBT についても，それぞれの就労支援の場において，より良い就労成果を生み出す

「効果モデル」に発展させる方策を検討することが次の課題になると考えます。

　CBT を組み合わせた就労支援の「効果モデル」構築にあたっては，各就労支援の場では，どのように CBT を導入し，その実践と成果を組織・チームの中で共有して，CBT 活用の方法を検討すること，そしてその検討結果を，就労成果の「効果的援助要素」に位置づけること，自施設での取り組みに関する「プログラム理論」を検討することが重要と考えます。その上で，全国の学会等で「効果モデル」の内容と成果を同様の取り組みを行う各事業所の間で共有して，一般化可能な「効果モデル」に発展させることが期待されます。

　さらには，CBT を組み合わせた「効果モデル」の組織内での実装に向けては，まずは VR の支援ゴール達成のために CBT を導入する意義と理念をチーム内で共有すること，その上で組織内で「効果モデル」の十分な実施に向けて，CBT 活用の様式や実施マニュアルの整備，組織内実装に有用なツールキットの導入を含めた実施方法（第 2 章，第 5 章参照）をチーム内で共有すること，組織全体での関連した研修会を開催すること，実施の成果を組織内で共有することなどに力を注ぐ必要があると考えます。

　CBT を組み合わせた効果的な就労支援の「効果モデル」構築に向けて，プログラム評価（プログラム開発と評価）の方法論を活用することは不可欠です。「効果モデル」の構築に向けた評価方法は，評価学では「形成的評価（formative evaluation）」と呼ばれています（Rossi et al., 2004, 大島監訳，2005；大島，2015；大島ら，2019）。他方で EBP など「効果モデル」への形成的評価の方法論は，世界的にも未だ模索が進められている段階にあります。そのような中，筆者らの研究チームが開発した CD-TEP 評価法（An Evaluation Approach of Circular Dialogue between Program Theory, Evidence and Practices）（大島，2015；大島ら，2019）は一定の有用性を持つアプローチと考えています。それぞれの就労支援の場で，共通に設定した VR の支援ゴール達成を目指す複数の利害関係者が，一堂に会して「協働型評価」を実施して，CBT を「効果的援助要素」に含む，就労支援の「効果モデル」を発展させる取り組みに関与されることを期待したいと思います。

6．おわりに

　本節では，まず VR の支援ゴールは，ILO の定義から「就業に結び付ける」

だけでなく，「職場への定着・向上」，さらには「社会への統合・再統合の促進」を含む幅広いものであることを示し，この支援ゴールは，ICF の枠組みから「参加」レベルに位置付くことを明らかにしました。

　その上で，特に精神障害のある人の就労支援のゴール達成にとって，従来の障害者就労支援の制度・サービスは必ずしも有効ではなかったことを，その理由を含めて提示しました。

　それに対して，従来型就労支援の課題を克服する，精神障害のある人たちに有効な就労支援プログラムは，VR の就労成果に対してエビデンスに基づく効果的な取り組みである必要があります。当然ながらエビデンスに基づく有効な支援法である CBT の導入との組み合わせには注目しなければなりません。ただしその取り組みは CBT 単独ではなく，「働きたい思いの実現」という ICF「参加」レベルの社会課題解決を目指す他の有効な取り組み（IPS 援助付き雇用等の社会プログラム）と有機的に組み合わせて実施することが求められます。そのためには，VR の支援ゴール達成に向けて，CBT を「効果的援助要素」の一部に位置づけ，「効果モデル」を発展させることが重要です。このことを，McGurkら（2007；2015）の研究成果等を用いて提示しました。

　以上を踏まえて，精神保健福祉領域の就労支援の場では，VR の支援ゴール達成に向けて CBT を適切かつ効果的に組み合わせて実施し，EBP 等の「効果モデル」を構築することが重要であること，またそのような「効果モデル」の形成・発展のためには，協働型の「プログラム開発と評価」の活用が必要であることを提案しました。

引用文献
Becker, D. R. & Drake, R. E.(2003). Working life for people with severe mental illness. Oxford University Press. (大島巌他監訳（2004）．精神障害のある人たちのワーキングライフ—IPS：チームアプローチに基づく援助付き雇用ガイド．金剛出版．)
Bond, G. R., Evans, L., Salyers, M. P., Williams, J., & Kim, H. W. (2000). Measurement of fidelity in psychiatric rehabilitation. *Mental Health Services Research*, 2: 75-87.
Bond, G. R. (2005). Incorporating Supported Employment Into ACT Teams. *Presentation at NIMH Japan*, 2005. 1. 8
池淵恵美（2018）．統合失調症の認知機能リハビリテーション．精神経誌 120: 313-319.
Kinoshita, Y., Furukawa, T.A., Kinoshita, K. et al. (2013). *Supported employment for adults with severe mental illness*. The Cochrane Collaboration.

松為信雄（2021）．キャリア支援に基づく職業リハビリテーションカウンセリング―理論と実践．ジアース教育新社．

McGurk, S. R. et al. (2007). Cognitive training for Supported Employment: 2-3 year outcomes of randomized controlled trial. *Am J Psychiatry*, 164: 437-441

McGurk, S. R. et al. (2015). Cognitive enhancement treatment for people with mental illness who do not respond to supported employment: a randomized controlled trial. *Am J Psychiatry*, 172: 852-861.

日本精神科病院協会 (2003)．精神障害者社会復帰サービスニーズ等調査事業報告書．日本精神科病院協会．

大島巌 (2009)．本人が望む就労を実現するには何が必要か．精神科臨床サービス 9(2): 186-190.

大島巌（2015）．ソーシャルワークにおける「プログラム開発と評価」の意義・可能性，その方法―科学的根拠に基づく支援環境開発と実践現場変革のためのマクロ実践ソーシャルワーク．ソーシャルワーク研究 40(4): 5-15.

大島巌（2016）．「働きたい思い」を実現する就労支援プログラム．大島巌著：マクロ実践ソーシャルワークの新パラダイム―エビデンスに基づく支援環境開発アプローチ：精神保健福祉への適用例から．pp.222-241. 有斐閣．

大島巌・源由理子・山野則子ほか編著（2019）．実践家参画型エンパワメント評価の理論と方法― CD-TEP 法：協働による EBP 効果モデルの構築．日本評論社．

Rossi, P. H., Libsey, M. W., & Freeman, H. E. (2004). *Evaluation: A systematic approach* (7th edition), Sage.（大島巌他監訳（2005）．プログラム評価の理論と方法―システマティックな対人サービス・政策評価の実践ガイド．日本評論社.）

WHO (2001). International Classification of Functioning, Disability and Health (ICF).（障害者福祉研究会（編訳）（2002）．ICF 国際生活機能分類：国際障害分類改定版．中央法規.）

全家連保健福祉研究所（1994）．精神障害者・家族の生活と福祉ニーズ '93（Ⅱ）．全家連保健福祉研究所モノグラフ No. 6. 全家連．

全家連保健福祉研究所（2000）．地域生活本人の社会参加等に対する意識と実態 '98．全家連保健福祉研究所モノグラフ No.27. 全家連．

第2節
発達障害（知的障害有・無）への支援（就労支援）を通じて

加藤美朗

1．発達障害と知的障害

　発達障害とは，わが国の発達障害者支援法では「自閉症，アスペルガー障害その他の広汎性発達障害，学習障害，注意欠陥多動性障害その他これに類する障害であってその症状が通常低年齢において発現するものとして政令で定めるものをいう」と定義されています。このうち「自閉症，アスペルガー障害その他の広汎性発達障害群」については米国精神医学会の診断基準であるDSM-5（2013）では自閉スペクトラム症（Autism Spectrum Disorder：以下ASD）という用語で統一されるようになりました。そこで本章では学習障害をLD（Learning Disability），注意欠陥多動性障害をADHD（Attention Deficit/Hyperactivity Disorder），自閉スペクトラム症をASDと示します。知的障害の定義については2005年の知的障害児（者）基礎調査では「知的機能の障害が発達期（おおむね18歳まで）にあらわれ，日常生活の支障が生じるため，何らかの特別の援助を必要とする状態にあるもの」とされていて，DSM-5では上記の発達障害などとともに神経発達障害に分類されています。わが国の発達障害と知的障害の関連図を図1-2に示します。

　わが国では2005年に発達障害者支援法が，2007年には特別支援教育がスタートし，それまで法的には支援の対象ではなかった知的障害のない発達障害のある人（以下，発達障害者）が法的に福祉や教育的支援の対象となりました。ただし，知的障害者福祉や教育の分野では以前より自閉症の障害特性理解に基づく支援が重視され，例えば2000年代には知的障害と自閉症は異なる障害と考えるべきであることが示され，それまでは「自閉症を伴う知的障害」だった観点が「知的障害を伴う自閉症」という捉え方に転換されてもいます（徳永，2008）。

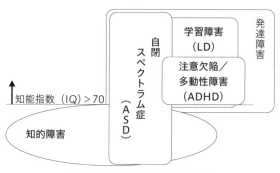

図 1-2　知的・発達障害の関連図

２．発達障害者の就労の現状

　厚生労働省は５年ごとに障害者雇用実態調査を実施しています。2013 年までは身体障害，知的障害，精神障害の３種別の障害区分で調査が行われていましたが，2018 年度調査では発達障害が４種別目の区分として独立しました。この調査結果では従業員規模が５人以上の事業所で雇用されている発達障害者は３万 9,000 人で，疾病別割合は ASD が 76.0%，ADHD が 2.1%，LD が 0.4%，「言語の障害，協調運動の障害」が 0.1% となっています。次に平均賃金について発達障害は 12 万７千円で，知的障害や精神障害とはあまり差はありませんが身体障害に比べると約６割という状況です。平均勤続年数は身体障害と知的障害が７～ 10 年なのと比べて発達障害と精神障害では３年余です。

　職業種別については，発達障害では販売および事務的職業の割合が高く，知的障害では生産工程の仕事とサービス業，あるいは運搬・清掃・包装等の割合が高い結果です。加えて発達障害では比較的高い知的能力が必要とされる専門的・技術的職業が１割以上を占めていること，知的障害では事務的職業の割合が 7.5% で一定の職域開拓が進んでいることがわかります。一方で企業が挙げる障害者雇用の課題では全障害種別で「会社内に適当な仕事があるか」が７割以上で最も高く，障害者を「雇用したくない」と回答した企業の割合が，身体障害を除いて「一定の行政支援があった場合に雇用したい」を上回っています。

　以上の調査結果から，就労している発達障害の中では ASD のある人の占める割合が最も高いこと，発達障害の平均賃金や平均勤続年数が身体障害に比べて低いこと，さらに今後の障害者の雇用促進に向けて職業マッチングの問題や職域開拓，企業への障害者雇用に関する理解啓発等が依然として大きな課題で

あることが示されています。

3．高等教育機関における発達障害学生の現状と課題

　知的障害を併せもつ ASD のある人が高等学校段階では特別支援学校高等部で学ぶ割合が比較的高く，卒業時点で就労や就労支援関連の福祉サービスの利用を開始することが多いのに対して，知的障害のない ASD や LD，ADHD の場合は，全日制に加えて定時制や単位制，通信制と多様な教育形態のある高等学校へ進む割合が高く，高校卒業時点で進学を希望することも少なくありません。わが国の大学等の高等教育機関（以下：大学等）に在籍する障害のある学生（以下：障害学生）の割合は学生支援機構の調査によれば年々増加しており，平成 30 年度に初めて 1％を超え，令和 2 年度には 35,341 人の障害学生が在籍しています。そのうち発達障害学生は 7,654 人で 21.7％を占め，さらにそのうちの 51.6％（3,951 人）は ASD です。進路や就職指導における支援を受けている発達障害学生の割合は障害学生中最も高く障害学生全体の 72.8％（252 人）を占めます。

　最終学年の卒業率は，他の障害群が 70 ～ 80％以上なのに対して発達障害と精神障害は 60％台です。さらに発達障害のある卒業者の就職率は 47.6％ で，LD と ADHD がそれぞれ 5 割を超えているのに対して ASD は 44.1％ で最も低い状況です。以上のことから，発達障害者の大学進学率や就職者数は上昇傾向にはあり，その中でも ASD の占める割合がわが国では最も高い反面，大学卒業時点での就職は最も困難な状況にあると言えます。

4．発達障害の障害特性

　LD の定義は，文部科学省によれば「基本的には全般的な知的発達に遅れはないが，聞く，話す，読む，書く，計算する又は推論する能力のうち特定のものの習得と使用に著しい困難を示すさまざまな状態を指すものである」です。DSM-5 ではこのうちの「聞く」と「話す」はコミュニケーション障害に分類されていますが，「読む」は文字や文章を正確かつ流暢に読む能力と，文章読解のような読み能力とに，「書く」は文字などを正確かつ流暢に書く能力と，作文のような能力とに，「算数」は計算と推論とにといったそれぞれ高次の能力と低次の能力とに区分されています。近年は ICT 機器や AT（支援機器）のような

支援技術の活用や合理的配慮の提供が進み，タブレットでの読み上げ機能の活用や板書の撮影，試験等での時間延長などの配慮が，授業だけでなく高等学校や大学の入試においても広がっています。

　ADHD の定義は文部科学省では「年齢あるいは発達に不釣り合いな注意力，及び／又は衝動性，多動性を特徴とする行動の障害で，社会的な活動や学業の機能に支障をきたすものである」とされ，診断の柱は不注意の困難と多動性，衝動性で，症状のあらわれ方によって不注意優勢型と多動・衝動型，およびその混合型の 3 タイプがあります（大六，2017）。衝動性については，冷静な時には反省することも可能であるにもかかわらず衝動的な行動を何度も繰り返してしまう，即時的な報酬にしか反応できず，例えば試験勉強の計画を立てて娯楽を後回しにしたり我慢するようなセルフコントロールや実行機能の問題が背景にあります（吉川，2019）。不注意優勢型では物品や時間の管理などに関する問題は成人になっても軽減されないことが多く，職業生活に支障をきたすことも少なくありません。

　知的障害のない ASD について文部科学省は，まず高機能自閉症について「3 歳位までに現れ，1 他人との社会的関係の形成の困難さ，2 言葉の発達の遅れ，3 興味や関心が狭く特定のものにこだわることを特徴とする行動の障害である自閉症のうち，知的発達の遅れを伴わないものをいう」，アスペルガー症候群は「知的発達の遅れを伴わず，かつ，自閉症の特徴のうち言葉の発達の遅れを伴わないものである」と定義しています。知的障害を伴う自閉症を含む ASD の DSM-5 における診断の柱は，①社会性およびコミュニケーションの困難，②興味や行動のレパートリーが狭く，繰り返しを好む（儀式，こだわり等）の 2 つですが，感覚の特異性（過敏や鈍麻）が症状形成に大きな役割を果たします（大六，2017）。加えて，これらの症状の背景には「心の理論」と呼ばれる他者の感情や視点の理解を含む想像力の困難や，社会的であろうとする動機づけの困難，模倣に関する脳のミラーシステムの困難，中枢性統合の困難，言葉を字義どおりにしか捉えられない語用論の問題といった認知発達の特性があると考えられます（米田，2019；吉川，2019）。

5．発達障害の職業的課題

　令和 3 年度版就業支援ハンドブック（障害者職業総合センター，2021）で

は，発達障害のある人の就職活動の課題として，知的障害のあるなしにかかわらず就職活動の方法や準備，就職情報の読み取りや面接の受け方，履歴書の書き方といったことに関する知識やスキルの問題，失敗した場合の対処方法やサービス機関や制度の利用がうまくできないことなどが挙げられています。さらに自分の得意不得意が整理できていない，自分に向いている仕事がわからず経験や能力に合わせた仕事内容や労働条件がわからない，偏ったあるいは理想が高すぎる職業選択がみられるなどの自己理解に関連する課題が挙げられています。

　次に職業生活を送るうえでの課題として，作業スピードやペース配分，複数の指示の理解やマルチタスクをこなすことの困難，口頭の指示や抽象的な内容の理解困難，仕事の優先順位や手順，段取りを考えることが難しい，指示と異なる仕方や自分流の仕方に固執して修正が受け入れられない，急な変更に混乱してしまう，見通しがもてずに不安を感じることがあるなどといった職務や作業に関するものが挙げられています。

　特にASDでは，上記の困難に加えて敬語の使い分けや場面や立場を考慮した発言が難しい，暗黙のルールなどが理解できない，自己主張が強くて同僚や上司と衝突してしまう，困った時に自ら助けを求めるのが困難であることなどが挙げられています。さらにASDでは強迫的な几帳面さが作業速度に影響を与える，職業集団の中での自分の立場が理解できない，他者との協働が難しく他者を不快にさせていることに気づけないなどの指摘もあります（米田, 2019）。

6．発達障害の就労支援

　発達障害者支援法や障害者総合支援法の改正によって発達障害のある人は，精神保健福祉手帳の取得などによって各種障害者雇用促進施策の対象となり，公共職業安定所の専門援助部門や地域職業センター，障害者就業・生活支援センター，障害者就労移行支援・継続支援事業などを利用しやすくなりました。加えて「発達障害者の就労支援者育成事業」や「就労支援関係者講習」などの発達障害者の雇用経験がない事業所に対する理解・啓発・雇用促進を目的とした事業等が創設され，発達障害者雇用トータルサポーターを配置しているハローワークもあります。一方で発達障害のある人の中には自分の障害をカミングアウトせずに就職したいという人もいますが，そのような求職者のためにハロ

ーワークには「若年コミュニケーション能力要支援者就職プログラム」という
事業があります（梅永，2017）。

　しかしながら，発達障害者の就労支援にはまだまだ課題も多く，就労や就労
継続に関するより効果的な支援方法やプログラムを構築していくことが重要な
課題です。このため障害者職業総合センター職業センターは，2005 年度から
知的障害を伴わない発達障害を対象としたワークシステム・サポートプログラ
ムを開始し，「発達障害者のワークシステム・サポートプログラム障害者支援マ
ニュアルⅠ」（障害者職業総合センター職業センター，2008b）をはじめ 8 冊
のマニュアルを作成しています。これまでにプログラム全体版や各技法の詳細
版に加えてナビゲーションブック作成編（障害者職業総合センター職業センタ
ー，2016）やアセスメント編（障害者職業総合センター職業センター，2019）
が作成されています。この他，英国自閉症協会によるアスペルガー症候群のあ
る人を雇用するための実践マニュアルが翻訳されており（障害者職業総合セン
ター職業センター，2008a），アスペルガー症候群のある人とコミュニケーショ
ンする際のヒントや就労支援における配慮点が記されています。ワークシステ
ム・サポートプログラムは，問題解決技能トレーニングや職場対人技能トレー
ニング，リラクセーション技能訓練，マニュアル作成技能訓練，ナビゲーショ
ンブック作成などで構成されています。

　問題解決技能トレーニングは，発達障害に起因する職業上の課題について自
らが問題の発生状況や原因を把握し，現実的な問題解決策を選択できるように
なることを目指しています。米国でアスペルガー症候群のある人のパニック防
止を目的に開発された SOCCSS 法のコンセプトに基づいて全体が構成され，問
題状況分析シートやブレインストーミングの手法が用いられています。職場対
人技能トレーニングは対人コミュニケーションスキルの獲得を目指すトレーニ
ングで，モデリングやロールプレイ，訓練場面以外の場面への般化に向けた内
容などで構成されています。リラクセーション技能トレーニングは，自分に合
ったストレス対処法を身につけるトレーニングで，心理教育や漸進的筋弛緩法
などのリラクセーション法の練習などで構成されています。ナビゲーションブ
ックは，発達障害のある人が自身の特徴やセールスポイント，障害特性，職業
上の課題，事業所に依頼する配慮事項などをまとめるもので，自身の特徴等を
企業や支援機関に説明する際や，自己理解の促進，職場での配慮事項の検討な

どに活用できます。

7．ASD の特性に応じた就労支援

　以上のように発達障害の就労支援は整備されてきてはいますが，発達障害の中でも依然として ASD における就労支援ニーズが最も高く，その職業上の課題として適切なジョブマッチングが難しいことや，職場の同僚や上司の理解が進んでいないこと，ASD の特性に合った合理的配慮がなされていないこと，就職後のフォローアップが十分でないことなどが挙げられることから，ASD に特化した職業リハビリテーションサービスが必要とされます（梅永，2017）。ASDの中には高学歴で知的にも高く，機械操作やパソコン入力のような仕事そのものの能力であるハードスキルは十分にもっている人がいる一方で，職業生活遂行能力と呼ばれるソフトスキル（表 1-2）の困難がハードスキル以上に就労や継続の大きな課題となります。例えば米国ノースキャロライナ州 TEACCH プログラムの援助つき就労部門によれば，ASD の離職理由の 8 割以上がソフトスキルの困難に起因して　おり，ソフトスキルを含む就労移行アセスメントツールである TTAP（TEACCH Transition Assessment Profile）が作成されています（梅永，2017）。職業スキルや職業行動に加えて自立機能や余暇スキル，機能的コミュニケーション，対人行動の 6 領域のアセスメントが可能です（清野・小川，2020）。

　これらのことから梅永（2017）は，職業カウンセリング段階での自己理解を促すためのチェックシートを用いたカウンセリングや，実際の企業現場における職場実習を通してソフトスキルと職場環境のアセスメントを行ったうえでの合理的配慮の検討と適職マッチング，就職する企業における OJT と同僚や上司に対する ASD の理解啓発，就職後の職場の定着を図るための ASD チェックリストによるフォローアップ支援などが必要だとしています。特に ASD のある人の場合には，就労移行支援事業所などの訓練で身につけたスキル等が職場実習先や職場でも適切に発揮されるような般化に特に困難を抱えることが少なくないため，実習先や就職先でのアセスメントや事業所の支援者やジョブコーチによる OJT が有効とされています。

　さらに梅永・井上（2018）は，職業相談で用いる「アスペルガー症候群のための職業カウンセリングチェックリスト」や職業ガイダンス用のワークシート，

表 1-2　ソフトスキルの例（梅永，2017 を参考に作成）

身だしなみ
職場や職種に合った服装や髪の毛の長さ，入浴や爪切りなど
時間の管理
遅刻や昼休み時間を守り時間前に持ち場に戻る
余暇の使い方
昼休みの過ごし方や，日常的あるいは旅行などの余暇
日常的な家事労働
買い物や炊事，洗濯，清掃など
対人関係
職場での挨拶やお辞儀，質問やお礼，連絡，マナーなど
金銭管理
貯金や無駄遣い，高額なものの計画的な購入など
その他
忍耐性，柔軟性，意欲など

TTAP および職業センターの職務施行法評価票，先行研究の中から項目を抽出した「職場実習アセスメントシート（発達障害〔ASD〕者用）」を作成しています。このシートは実習に臨む発達障害者の自己評価と実習先の企業担当者の評価の双方を記入することで，実習者の自己認識と企業側の評価結果との比較検討することを通して課題の共通理解を進め，必要な支援や合理的配慮を導き出すことができます。

　これまで述べてきたように，発達障害特にASDでは大学等卒業時点や就職時の困難の要因としてソフトスキルの問題が挙げられていますが，ソフトスキルを短期間で身につけるのは容易なことではありません。就職が目前となる大学や成人になってからというよりも，それ以前の小中高等学校等の学校教育におけるソフトスキルを含むライフスキルの指導が，将来の就労や自立生活の確立，教育から就労への移行にとってとても重要な役割を果たします（梅永, 2017）。

8．学校教育における職業教育やキャリア支援

　ASD のある児童生徒が多数在籍する知的障害特別支援学校では，キャリア教育および進路指導の充実が重点教育目標であり，以前より高等部段階を中心に複数回以上の職場実習の機会が設けられるなど，職業教育に力が注がれてきました。卒業後のアフターケアについても他機関と連携しながら積極的に行われています。また，都道府県によっては高等部に職業コースが，あるいは就職

率100%を目指すような高等特別支援学校が設置されています。さらに，知的障害特別支援学校の教育課程では，児童生徒の発達段階等に応じて複数の教科や特別活動などを「合わせた授業」を設定することが可能で，高等部を中心に「作業学習」が時間割に組み込まれるかたちで職業教育が授業科目として展開されています。

　次に特別支援教育全体の特徴的な教育課程として「自立活動」があります。自立活動の目標は児童生徒の「障害による学習上又は生活上の困難を克服し自立を図る」ことにあり，特別支援学校や特別支援学級の時間割にも組み入れられています。通常の学級に在籍する児童生徒も「通級による指導」において自立活動を中心とした指導を受けることができ，ASDだけでなくLDやADHDも対象になっています。学習指導要領では「健康の保持」「心理的な安定」「人間関係の形成」「環境の把握」「身体の運動」「コミュニケーション」の6区分が自立活動の指導内容として示されていて，この中から児童生徒一人ひとりの教育的ニーズに応じた指導目標や内容が検討されます。「自立活動」と「作業学習」とを軸に将来の就労自立を見据えたソフトスキルとハードスキルの獲得が目指されていると言えます。

　さらに現行の新学習指導要領（文部科学省，2017）では学校種別にかかわらず「特別支援教育」と「キャリア教育」とを充実すべきことが明記され，小学校および特別支援学校小学部段階からの組織的なキャリア教育の展開が求められています。そのための資料として例えば特別支援教育総合研究所（2010）は「知的障害のある児童生徒の『キャリアプランニング・マトリックス（試案）』」を作成しています。また新学習指導要領では，小中学校の特別支援学級に在籍するおよび通級による指導を受ける児童生徒全員を対象に個別の指導計画と個別の教育支援計画を作成することが義務化されました。個別の教育支援計画は，障害のある児童生徒などについて，長期的な視点で児童への教育的支援を行うための計画と位置づけられており，その作成にあたっては家庭や地域および医療や福祉，保健，労働等の業務を行う関係機関との連携や情報共有を図るべきことが示されています。大学入試センター共通テストの合理的配慮のための資料として用いられることもあります。この個別の教育支援計画等の作成にあたってはプロフィールシートが作成され，生育歴や各種アセスメントから得られる情報などが記載されている場合もあります。また，就学前から社会人に至る

まで各段階で作成される各種支援計画の統一様式を作成して，進学や移行時に
ファイルに綴じて進学先や支援機関などに引き継いで活用できるようにしてい
る市町村もあります。

　このような中，高等学校にも特別な教育的支援の必要な生徒が近年多数進学
していて，中学校の知的障害や自閉症・情緒障害特別支援学級から卒業する生
徒の進学先において，特別支援学校高等部ではなく全日制や通信制などの高等
学校へ進学する人数の割合が7割以上を占めるような都道府県もあります（大
阪府教育庁，2020）。高等学校においても知的障害や発達障害のある生徒のキ
ャリア支援の充実はますます求められていると言えます。文部科学省は特別支
援教育のスタートに合わせて高等学校における特別支援教育のモデル校事業を
進め，その成果を公表して高等学校における特別支援教育の進展を図ってきま
したが，2018年度からは高等学校における通級による指導が制度化されまし
た。文部科学省ではそれに先立ち「高等学校における個々の能力・才能を伸ば
す特別支援教育モデル事業」を2016年度にスタートさせています。研究指定
を受けた高校では，例えば「心理学」や「生活基礎」といった科目が設けられ，
ソーシャル・スキル・トレーニングやライフ・スキル・トレーニング，アンガ
ーマネジメントやアサーション・トレーニングといった主に認知行動療法に基
づくプログラムが組み入れられて効果をあげています。研究校の中には「自分
トリセツ」の作成を通して，自己理解の促進や，合理的配慮要請スキルの育成
を行っているものもみられます。通級による指導を設けている高等学校はまだ
わずかですが，自校内にリソースルームのような場を設けて通級による指導に
近い教育や支援を行っている学校もみられます。

　なお特別支援学校には，地域の特別支援教育のセンター的機能を発揮すべき
ことが課せられており，地域の特別な教育的ニーズのある幼児児童生徒や担当
している教員，保護者を対象とした相談や支援，研修，教材等の情報提供を行
っています。また特別支援学校は以前より，進路指導などで地域の関係機関と
の連携を図ってきており，高等学校等にも就労や就労支援といった移行支援に
役立つ情報を提供したり連携を行うなどしています。さらに，大学等の就労支
援においても，学内での各種サポートやトレーニング，学外関係機関との在
学中からの連携を図るような取り組みが行われつつあります（小笠原・村山,
2017）。

9．おわりに

　発達障害者支援法が施行されて15年経ちますが，その就労支援は依然として大きな課題です。関係機関がその進展に力を注いできていますが，各種の制度や支援が十分に周知され，横断的・縦断的に，かつ有効に利用されること，さらには実証性のある手法を明らかにしていくなど課題も少なくありません。また発達障害や知的障害の多くが発達期に発症する，いわば「生まれながらの障害」です。職業リハビリテーションの対象というよりも，その育ちの支援にはむしろ「ハビリテーション」という概念がふさわしく（Olli et al., 2014),「復権」というよりも，ライフスキルや就労を含む体験や参加の「獲得」が目指されているのだと考えられます。

　発達障害のある人は就労しても環境変化や上司や同僚の交代などの影響を受けやすく就労継続が難しいことが少なくありません。ご本人のニーズに応じたパーソンセンタードの「援助つき自立」（梅永，2017）を目指すための適切なアセスメントに基づく継続的な支援や連携が不可欠だと考えます。

引用文献
APA (2013)．DSM-5.
大六一志（2017）．発達障害の理解と支援. *Audiology Japan*, 60(5): 258-259.
清野絵・小川浩（2020）．発達障害者の入職・職場定着支援：ジョブコーチ支援，カスタマイズ就業を中心に. 発達障害研究，42: 37-51.
国立特別支援教育総合研究所（2010）．知的障害のある児童生徒の「キャリアプランニング・マトリックス（試案）」. https://www. nise. go. jp/cms/resources/content/119/B_career. pdf
文部科学省（2017）．新学習指導要領.
小笠原哲史・村山光子（2017）．大学における発達障害学生の就労支援に関する課題と今後の展開. 明星大学発達支援研究センター紀要. 2: 53-68.
Olli, J., Vehkakoski, T., & Salantera, S. (2014). The habilitation nursing of children with developmental disabilities: Beyond traditional nursing practices and principles? *International journal of qualitative studies on health and well-being*, 9: 1-12.
大阪府教育庁（2020）．令和3年度版大阪の支援教育. https://www. pref. osaka. lg. jp/attach/18732/00000000/osakashienkyoiku_R3. pdf
障害者職業総合センター(2021)．令和3年度版就業支援ハンドブック. 障害者職業総合センター職業リハビリテーション部.
障害者職業総合センター職業センター(2008a).アスペルガー症候群の人を雇用するために：

英国自閉症協会による実践ガイド．障害者職業総合センター職業センター．

障害者職業総合センター職業センター（2008b）．発達障害のワークシステム・サポートプログラム：障害者支援マニュアルⅠ．障害者職業総合センター職業センター．

障害者職業総合センター職業センター（2016）．発達障害のワークシステム・サポートプログラム：ナビゲーションブックの作成と活用．障害者職業総合センター職業センター．

障害者職業総合センター職業センター（2019）．発達障害のワークシステム・サポートプログラム：発達障害者のアセスメント．障害者職業総合センター職業センター．

徳永豊（2008）．自閉症の特性に応じた教育．国立特別支援教育総合研究所（編著）　自閉症教育実践マスターブック．ジアース教育新社，3-9．

梅永雄二(2017)．発達障害者の就労上の困難性と具体的対策：ASD 者を中心に．日本労働研究雑誌，685: 57-68．

梅永雄二・井上修一（2018）．アスペルガー症候群に特化した就労支援マニュアル　ESPIDD：職業カウンセリングからフォローアップまで．明石書店．

米田衆介（2019）．発達障害と就労支援．臨床精神医学，48: 1277-1282．

吉川徹（2019）．大人の発達障害の就労支援．心身医学，59: 429-435．

コラム

認知行動療法とは

内田　空

　「認知行動療法で考え方を変えられるんですか？」「性格が変わるって本当ですか？」「即効性があると聞きましたが？」現場で関わる中でこのような質問をいただくことがあります。今や医療分野だけにとどまらずあらゆる分野にわたり活用されている認知行動療法ですが，そもそも認知行動療法とは何なのでしょうか。

　その前にまず大前提に知っておくべきこととして，私たちはとても主観的な存在であるということが言えます。きれいな丸い月の日に「とても丸くてきれいだ」と感じる人もいれば，「明るすぎて不気味だ」と感じる人もいるかもしれません。水曜日の仕事が終わったとき，「あと2日間行けば終わりだ！」と思う人もいれば，「あと2日間もあるのか，しんどいな」と思う人もいるでしょう。私たちは同じものを見たり聞いたりしても，その感じ方にはその人特有の“癖”があります。まさに十人十色。認知行動療法ではそういったある特定の状況で引き起こされた一時的な反応パターンや一貫した反応スタイルとして認知を理解することが大切です（坂野，1995）。

　そして，それらはその人が歩んできたこれまでの人生と深い関係にあります。生まれ育った家庭環境や積んできた経験，そのすべてが“癖”に集約されています。何十年という期間で培われてきた“癖”はそう簡単に変化するものではありませんし，言い方を変えれば，その人がこれまで生きてきた中で必要であった術であると言うこともできるでしょう。もしかすると，そのおかげで切り抜けられた困難があったかもしれません。それほどこの“癖”はその人にとって欠かせないものとなっていることも考えられます。しかし，この“癖”があることによって大きな壁にぶち当たってしまい，乗り越えられなくなることがあります。その壁は社会に出たときにぶち当たるものかもしれませんし，日常生活の中で突然現れるものかもしれません，何かにチャレンジしようとしたと

きかもしれません。そういったときに活躍するのが認知行動療法です。

　認知行動療法では，まず，環境と個人の相互作用を見ていきます。個人の外側にある環境や出来事，その場の状況，対人関係などがどのような影響を与えているのかを見ていくのです。そういったことを明らかにしつつ，壁を乗り越えることを困難にしている“癖”を個人の中に起きている現象として，情動（気分や感情）や認知（もののとらえ方や考え方），身体反応（身体の生理的反応），行動（ふるまいや態度）に分けて何が起きているのかを明らかにしていきます。行動は出来事（先行刺激）によって誘発され，その後の結果に次の行動が随伴しているとされるため，それらを循環的にアセスメントしていくことが重要です（伊藤，2015）。

　ここで，筆者が就労支援の中で関わったＡさんの話をしたいと思います。Ａさんは20代の女性で，とても礼儀正しく，笑顔の素敵な方でした。これまでに数カ所で働かれた経験がおありでしたが，どこにいっても長く続かなかったと言います。なぜ，このような誠実な方が続かなかったのか疑問に思っていましたが，話をしていくうちにその原因が本人の捉え方にあることがわかってきました。何に対しても「～でなければならない」「～でないとダメだ」と考え，前職では「仕事をさぼる人がいて，その人がありえないと思い辞めた」とおっしゃいます。それに加え，失敗やミスを過敏にキャッチし，「全て私のせいだ」と塞ぎ込むこともありました。その裏には不安や怒りが混在しているようでした。また，そういった鬱憤が日々たまっているにも関わらず，それを外に吐き出さず，限界が来るまでため込むことで離職に至ってきたようです。

　認知行動療法において，焦点をあてるべきポイントは「～でなければならない」「～でないとダメだ」「全て私のせいだ」という捉え方（認知）と常にある不安や怒り（情動）の関係性を見ていくことです。Ａさんは企業実習[1]を行い，それを支援員と共に振り返ることでどうやら自分のストレスはこの考え方の“癖”が要因で必要以上にたまっていることを気づいていかれました。また，そのストレスを吐き出すための行動として，自分の気分を伝え相談することを目標に取り組んでいかれました。企業実習を行い，その考え方から自分や他人に

[1]　就労移行支援事業所における職業訓練の一つ。実際の会社で従業員として一定の期間働くこと。

怒りを覚え，それを支援者・会社担当者と振り返るという“もがき”の繰り返しでしたが，少しずつ少しずつ，時には完璧でなく力を抜いてもよいこと，職場には色んな人がいることを体験的に知っていかれました。その頃には自分のストレスがどのくらいまでたまっているのかを自らの身体的サイン（髪をむしる，ネガティブな発言が口から出る等）から感じ，それを発信できるようになっていました。認知行動療法ではこのようなセルフコントロール能力を培っていくことも目標の一つになっています（鈴木・神村，2005）。Aさんのように考え方の“癖”には表裏一体の側面があります。Aさんがぶち当たっていた壁もこの考え方によるものですが，裏を返せば真面目さや礼儀正しさはそのように考えているからこそのAさんらしさでもあるわけです。

　本書では認知行動療法を職業リハビリテーションという切り口で述べています。従来，認知行動療法は治療を目的に患者と治療者の二者間で行われてきた心理療法です。しかし，職業リハビリテーションにおいて働き続けるという壁を乗り越えていくためには自分自身のみでなく，職場環境・会社の経営状況などあらゆる要素を考慮しなければなりません。この分野で認知行動療法を活用していくためにはより広い視点で介入していくことが必要です。これまでの認知行動療法でのケースワークではなく，もっと広い視点でソーシャルワークに発展させていくことが職業リハビリテーションにおける認知行動療法に大きな影響を与えると考えております。

引用文献

坂野雄二（1995）．認知行動療法．日本評論社．

坂野雄二監修，鈴木伸一・神村栄一著（2005）．実践家のための認知行動療法テクニックガイド―行動変容と認知変容のためのキーポイント．北大路書房．

伊藤絵美（2015）．認知行動療法カウンセリング実践ワークショップ―CBTの効果的な始め方とケースフォーミュレーションの実際．星和書店．

第2章

職業リハビリテーションにおける
認知行動療法の実践

福祉領域

池田浩之

1．はじめに

　本章では，福祉領域の職業リハビリテーションを取り上げます。この領域の概要を踏まえながら，精神障害・発達障害のある者に対する働くための職業訓練やマッチング，初期の職場適応支援における認知行動療法の実践を中心にお伝えします。職業訓練につながる就労相談や就職後の長期的な職場定着支援については，第4章の医療領域における実践や，5章の職場定着に関する内容をご参照ください。

2．福祉領域における職業リハビリテーションについて

　本章で扱う福祉領域における職業リハビリテーションは，障害者総合支援法に基づいた就労系障害福祉サービスの就労移行支援事業・就労継続A型事業・就労継続B型事業・就労定着支援事業や，独立行政法人高齢・障害・求職者支援機構で主に実践がなされている就労支援の内容を指します。障害者総合支援法の前身の障害者の日常生活及び社会生活を総合的に支援するための法律（障害者自立支援法）の施行より，サービスを利用する当事者（本章では精神障害または発達障害のある者を指します）は自身のニーズや状態に応じてさまざまなサービスを選択するようになっています。そのため，当事者の状態やニーズによっては就労支援の基本的な流れである，就労相談・職業訓練・マッチング・職場適応支援・職場定着支援の中で職業訓練を経ずに求職活動に入ることもあります。当事者の能力的に得意な部分や，働く際につまずきとなりやすいと推

測される障害特性の部分の整理を行い，その内容に基づいて求人票を探す支援
を行います。また，企業の中で長く働くための環境調整を図ったりするための
相談支援が中心になることもあります。

　他章との内容の関連を整理するために図2-1ではどのような実践機関がある
のか，関連法制度と就労支援の基本的な流れの一部を整理しています。生活支
援や日中活動の改善を中心に行いながら，当事者が働くことも希望できるよう
に就職・就労を想定した準備性を高めることを目的に支援を行うこともある機
関（相談支援事業所・若者サポートステーション）もあれば，実際に職業訓練
を行う支援機関と連携することも視野に入れた，相談支援や求職活動に直接向

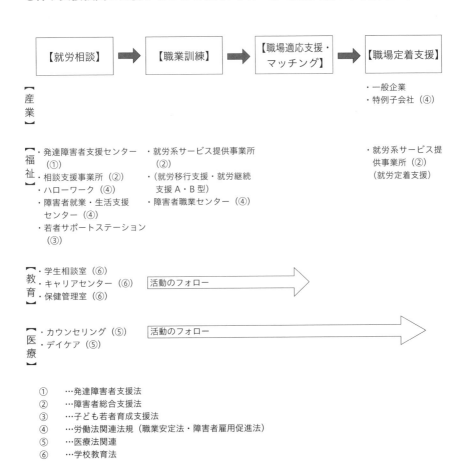

図 2-1　働くことに関する支援現場（一部）

かうための支援をよく行う機関（ハローワーク，障害者就業・生活支援センター）もあります。他領域になると，働くための準備性を高めることを目的とした支援は，医療領域でのカウンセリングやデイケアでの就労準備プログラム等の実践（大山，2006；菊池ら，2007；熊谷，2007），また，大学での学生相談やキャリアセンターでの実践（梅永，2017；西村，2018a；篠田ら，2019）がそれに該当します。

　本章に関連した支援をする際にも，このような機関と連携を行いながら，当事者を取り巻くネットワークを重層的に築いていくことがとても多くなります。支援においては当事者をサポートする家族や医療機関とのミクロなネットワーク形成だけでなく，当事者が所属する支援機関内（他領域なら学校や企業）全体をチームとして機能させるメゾネットワーク，地域や自治体全体で支援を行っていくマクロネットワークなど，多層的な支援ネットワークの形成の必要性も謳われています（松為，2014；池田，2014）。当事者のニーズや状態に応じた就労相談を展開しながら，希望に近づけるために適切な支援機関を選択するというケースワークが必要に応じて展開され，その中で就労系福祉サービスに接続がなされた折には当事者それぞれへの職業訓練が行われていくという流れになります。

　では，本章の実践現場である就労系福祉サービスについて概観していきます。

　2021年度現在，就労系福祉サービスと呼ばれるものには，就労移行支援，就労継続支援A型，就労継続支援B型，就労定着支援の4つの事業があります（厚生労働省，2021）。就労定着支援事業が後発の事業で，それ以外の事業は障害者自立支援法施行時からある事業です。先述した就労支援の基本的な流れのうち，主に職業訓練・マッチング・職場適応支援・職場定着支援の部分を，対象者の状態やニーズに合わせて選択できるような仕組みとなっています。そのためサービス対象者も，一般企業の雇用を目指す者から，就労移行支援事業を利用したものの企業等への雇用に結びつかなかった者，一般企業に雇用されることが困難になった者などが想定されています。また2018年度以降は，一部のサービスでは65歳以上の者も要件を満たせば利用できるようになるなど，近年の高齢化社会の流れを踏まえた改定もなされています。後発で創設された就労定着支援事業は，このような就労系福祉サービスや福祉サービスの生活介護，自立訓練の利用を経て就労して6カ月経過後から3年間利用できるサービ

スとなっています。

　筆者はこの中の一つ，就労系サービスである就労移行支援事業での就労支援，認知行動療法の実践を多く行ってきました。一般企業への就労を目指す者を対象とし，2年間のサービス利用期限内で，職場体験等の機会の提供，就労に必要な知識や能力の向上のための訓練を行ったり，求職活動に関する支援，対象者の適性に応じた職場の開拓，就労後の職場定着のための支援や相談を行います。

　このような環境下で行われる就労支援において，認知行動療法はどのような効果的な援助要素として機能するのかを，これから見ていきましょう。

3．就労支援における認知行動療法の基本的な実践

　まずは職業訓練中に行う認知行動療法の実践です。ここでは個別対応（介入）についてと集団プログラムの適応について記述していきます。

1）個別介入（精神障害・発達障害のある者に対して）

　職業訓練における認知行動療法は，その制度が成り立ってきた歴史的背景（国内の職業リハビリテーションに関連する法令制度は身体障害のある者から，知的障害，精神障害，主に知的障害を伴わない発達障害のある者へと拡充されてきています）とも相まり，知的障害のある者を対象とした行動的な介入が国内で比較的早期からなされてきています。1990年代後半から2000年代前半にかけて海外から輸入されたジョブコーチ理論の中にも包括的にその要素はパッケージ化され，システマティックインストラクションや課題分析などとして活用されてきました。行動療法や行動分析など対象や対象が所属する環境に働きかける技術が，就労支援環境においても適応されています。

　発達障害のある者への就労支援については，若林（2008）におけるシステマティックレビューにより海外の研究動向が報告されています。作業技能や対人生活技能，問題行動低減，就労支援者への指導に分けて，内容が述べられています。また梅永は，仕事の業務遂行に直接関係のあるハードスキルだけではなく，日常生活能力や対人関係など就労生活に間接的に関係する能力としてソフトスキルを挙げ，離職を防ぐための職場定着に必要な要素として述べています（本書第1章・第2節参照）。筆者が行った研究においても自閉スペクトラム症

のある者（以下，ASD のある者）の継続就労に関連のある要素として，精神的健康度と社会的スキルを挙げています（池田，2015）。また 2010 年代以降は，ASD のある者などを対象とした認知的介入を含んだ認知行動療法の実践と効果が海外で報告されるようになり，国内においても就労支援領域で徐々に実践がみられるようになっています。感情制御方略としての認知再構成法や，問題解決方略を高めるためのアプローチなど認知面への介入を含んだ内容が報告されています。2021 年の職業リハビリテーション学会年次大会では認知行動療法の第三世代と呼ばれる ACT（アクセプタンス・コミットメントセラピー）の活用が報告されました。就労支援における発達障害のある者を対象とした認知行動療法の適応は行動的介入だけでなく，包括的に職業リハビリテーション領域でも活用されるようになってきています。

発達障害のある者に対して認知行動療法を活用した就労支援を行う際には，障害特性と呼ばれる器質的（または素質的）な部分への合理的配慮としての環境調整を行います。必要に応じて対人関係に関する後天的に学習して獲得した（もしくは未学習の），行動的なスキルへの介入や認知面への介入，心理的柔軟性を高めるための介入を一緒に行っていくこととなります。

また精神障害のある者に対しても，職務遂行に影響する器質的な能力の得意・不得意を想定しながら支援を行うことを推奨しています。併せて症状面のモニタリングを早期から行い，働くことにつまずきとなると予想される部分への介入だけでなく，訓練環境に安定的に臨めるための取り組みを行う必要があります。本書では中心には扱いませんが，精神障害のある者・発達障害のある者（特に二次的症状を有している）については，医療機関との連携は必須になります。繰り返しになりますが，個別介入の効果を高めるためにも，ケースワークとしての関係機関連携は認知行動療法を就労支援で行う支援従事者には必須であることを改めて認識していただきたいと思います。

さて，図 2-2 は就労移行支援における認知行動療法の適応について，実際に用いやすい介入プロトコルも紹介しながらまとめています（認知行動療法トレーニング・ガイドライン（日本認知・行動療法学会，2020）では，就労支援における認知行動療法（各論）として，必要な要素が項目としてまとめられ，学会の承認を得ています。そちらもぜひご参照ください）。

図の上部では，就労移行支援の基本的な流れを掲載しています。下部ではそ

準備訓練 （基礎訓練）	準備訓練 （企業実習）	職場適応支援 （就職活動）	職場定着支援

相互作用システムによるアセスメント（障害特性・器質的要因への配慮）

心理的介入（経験（学習）により形成された不適応状態への介入）

問題解決訓練	SST・行動実験・ 認知再構成法・ セルフモニタリング	セルフコントロール・ セルフモニタリング （SPIS）

図 2-2　就労移行支援と認知行動療法の関連

れに対する認知行動療法の相互作用システムや心理検査等を用いた器質的な要素に関するアセスメントと環境調整，後天的な学習された要素（心理的状態）への相互作用システムや機能分析を用いたアセスメント・介入を重層的に行い続けていくことを述べています。これは，就労支援におけるケースフォーミュレーション（以下，CF）において，就労に必要な能力向上のための訓練（基礎訓練）や職場体験（企業実習），求職活動を通じて得られる結果で何回も繰り返しなされていくことになります。この CF ですが，発達障害のある者の器質的な障害特性に関する CF の精度が高くないうちは，支援従事者側も対象者のコミュニケーションの取り方（どのような言葉・表現法が理解しやすいか，働く上でどこまで配慮する必要があるのか）に対して十分に理解できないこともあり，就労に必要な情報等を的確に伝えられないことがあります。そういった際には支援中に起こった実際の体験を活用することで効果的に支援を展開していくことができます。支援期間に期限が定められている場合（就労移行支援事業以外でも個人の経済的な理由から期限を定められる場合も多い），支援環境での支援システム（基礎訓練，企業実習，求職活動という流れ）が支援機関内にしっかりと構築されており，どの利用者に対しても同様の流れが安定して適応されることが重要であると言えます。

　発達障害のある者に対して行う器質的な障害特性部分のアセスメントでは，知能検査や厚生労働省編一般職業適性検査（以下，GATB），発達障害の要支援度評価尺度（MSPA）や障害特性をスクリーニングすることを目的とした心理

尺度（AQ など）や行動観察の情報をもとに行っていきます。特に知能検査や GATB は障害者手帳の発行時やジョブコーチ制度を活用する際の職業評価に用いられており，支援においてもその結果がよく活用されています。心理専門職はもちろん，就労支援従事者全般において結果の読み取りは必要なスキルと言えます。このような検査を活用しながら器質的な要因に関連するアセスメントを行います。

　図 2-3 は「報告がうまくできない」という状況に対して，行動観察した結果，明らかになったさまざまなつまずきをまとめた例です。図の上部から下部にかけて自身で対応できるものから周囲に配慮を得る必要があるものへと順に並べてあります。私たち支援者は起こっている出来事に対して，詳細に【発達障害のある者が自分で対処できる可能性のあるもの】【環境調整の必要なもの】を見極めて，環境調整の量を最小限にするようにしていきます。他章でも述べますが，企業の雇用管理者の配慮が持続しやすい量になるべくおさえるようにしていく狙いもあります。この報告が上手にできないという状況に対して，知能検査の結果も活用しながら見立てを立てていきます。報告の内容が不足しているだけであれば，言語理解の数値にのみその状態が示されやすく，一般的なビジネスマナーの習得で改善する可能性があります。またワーキングメモリが低い場合，指示の内容が十分に記憶できないことも考えられ，報告内容に不足が生じていることもあります。その際はメモの活用や復唱を行うことを促すことで改善されることは増えるでしょう。タイミングがわからないとなると，そこ

例）報告が上手にできない

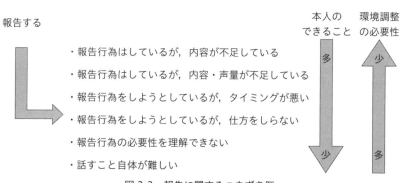

図 2-3　報告に関するつまずき例

にはいくつかの本人の不得手な能力が関連して影響している可能性が出てきます。知覚推理や処理速度の両方が影響していて，目の前で起こっている状況への視点の向け方や，適切なタイミングで行動に移すことが苦手で報告ができないことにつながっているということもあります。このような場合には特定の状況・場面に対する介入を行い，どの部分へ注意を向けたらよいかという実践的な指導や SST（Social Skills Training）や JST（Job related Skills Training）と呼ばれる対人スキルトレーニングを行うことが効果的であると言えます。また全般的に知的水準が低く，そもそも言語での報告が苦手ということにつながっていることもあります。そのような場合は介入による改善を検討しながらも，環境調整による適応の改善を図る対応が主になることが多くなります。雇用側の指示・予告の活用や報告の妨げになるような刺激の除去，報告がしやすいような視覚情報の提示，口頭ではなく紙媒体での報告に変更するといった対応を必要に応じて行っていきます。

　行動観察上時間をかけてわかる対象者の状態も，検査の結果によって即座に一定程度の見立てを立てることができます。GATB においても同様に障害特性上の得手・不得手を推測することができます。GATB は知能検査より実施の負担が少なく，受け手にとっても適性検査という名称が検査への抵抗を少なくするということもあります。まだ診断がついていないけれど，自閉スペクトラム特性といった発達障害的特性が高いと想定される者への検査適応もしやすく，高校や大学在籍時に活用しやすいものとなっています。発達障害のある者への支援時に客観的・心理教育的ツールを用いることの重要性は近年強調されています（桶谷＆西村，2013; 丹治＆野呂，2014）。

　さて，次に心理的介入についてです。図 2-2 では問題解決訓練を先行して実施する要素として挙げています。ASD のある者への就労支援において，海外や国内のいくつかの報告においても，問題解決方略を優先して高めることについては重要性が述べられるようになってきています。支援環境から企業環境へ移行する際の対象者の就労上の自律スキルを高めていくためにも，この方向性は有用であると言えます。問題解決訓練といったプログラムとしての適応だけでなく，面談など個別介入を行う場で，解決方略を高めるための支援者側の構造化された発問などでも十分効果があると考えられます。対象者の支援開始時の問題解決方略をアセスメントし，その実態に応じて行動的介入や認知的介入の

支援方針を立てていくという流れが良いと考えています。図2-4で面談やプログラムで用いる問題解決訓練用のシートを添付しておきます。シート活用に際しては，問題解決を行う場面の具体的記述，解決策をたくさん挙げること，実行可能性と効果予測を別々に行うことの3点について，発達障害・精神障害がある者ともにつまずきがみられやすくなっています。問題が多岐にわたっているように思えて，「対人関係が苦手」というように大まかな表現になってしまうことや，具体化することに慣れておらず表現が曖昧になってしまうことが見受けられます。記入例や記入の際の補助を行いながら，場面が具体的に一つの状況になるように進めていきます。また解決策を多く出すことについては，過去の経験上「これしかない」と一つの解決策しか出さない方も多く見受けられます。解決策を多く出すことがより良い解決につながるということを伝えたり，一緒に解決策を出すことを考えながら，どのような解決策の出し方があるか知ってもらうことを行うとよいでしょう。

　また訓練前半から中盤にかけて，支援の経過情報から本人の働く上でのつまずきに関する見立ての精度があがっていくと，より具体的な行動面（実際の業務遂行上の課題解決や対人コミュニケーション）や認知面への介入，本人にあった休息法（仕事上のペース配分の仕方，休憩の取り方，リラクセーション法）の確立などがなされるようになってきます。見立てに基づいた介入法としてSSTやアサーション・トレーニング，認知再構成法などが用いられやすくなります。これらは個別介入時では，対象者が訓練上つまずいた内容や，企業実習時に企業側から指摘された内容に基づいた構成であるとより良いです。結果に即した介入を行っていくことで，効果は高まります。

　最後に訓練中盤から終盤にかけてです。ここでは見立ての精度は高まり，どのようなことに気をつければ安定して働けるかといったことが対象者と共有されています（そのような状態を目指すことが望ましいです）。生活上の課題など個々の事情に応じた働く上でのつまずきも顕在化され，対処法の確立や対処法が機能しているかモニターをしていく時期になります。ここでは先述のようなさまざまなプログラムを適応するのではなく，確立した対処が企業実習や採用された雇用環境で遂行できているか，また業務遂行ができるような状態にあるのかということを支援者と対象者，企業の雇用管理者とモニターしていく仕組みを構築していくことが求められます。詳しくは第5章でお伝えしますが，対

ステップ 1 ：問題の捉え方に関する検証（少し楽になる考え方は何かないか？）

_____

ステップ 2 ：何が問題かはっきりさせる

_____

ステップ 3 ：解決策をたくさん挙げる
ステップ 4 ：それぞれの解決策の実行可能性と効果を『別々に』考える

解決策	実行可能性	効果

ステップ 5 ：最善の解決策を選ぶ

_____

ステップ 6 ：実行計画を立てる（立てたら練習してみましょう！）

ステップ①

_____

ステップ②

_____

ステップ③

_____

ステップ④

_____

図 2-4　問題解決訓練用シート例

象者自身の働く上でのセルフコントロール感を高める時期になります。今まで訓練してきた成果が身になっているということを共有し，新たな就業環境への移行を促していくのです。

このような流れで行った支援について，以下に学会等で報告した2つの事例を記載します（池田，2013; 2016）。

事例：（①は就労移行支援利用時，②は利用後1年経過時）

A氏　ASD　20歳代　女性　服薬無　AQ[1]：34　Kiss-18[2]：① 50 ② 55　GHQ30[3]：① 9 ② 7

全検査IQ：110　言語理解：98　知覚推理：121　ワーキングメモリ：112　処理速度：95

短大を卒業後，就職活動がうまくいかず，自身で福祉サービスを探し，就労移行支援事業所へ入所されました。入所時は，自分の訓練で使用するスペースや訓練器材をウェットティッシュで拭き取ることや，他人が自分の服に触れると顔をしかめながら，その個所をふき取るといった強迫的な行為が多く見受けられました。普段口数は少なく，訓練指示について理解はできるが，自分の判断で訓練工程を変更したりしていました。本人は初期の面談では，安定して働ける職場に就きたいということと，人の接触が少ない職域を希望したい旨を話されていました。欠席なく訓練が行えていたことから，企業実習を行いました。製造業の実習を行いましたが，機械で仕上がった製品をつまんで運ぶ，運んだあとすぐにウェットティッシュで手を拭くなどしてしまい，作業量が極端に少なかったため，企業側から指摘を受けました。そこで本人と面談で解決をしていくためには何をしていくか一緒に考え，強迫的行動を減らす目的として「ウェットティッシュの使用枚数を減らす」ということを目標に枚数をモニタリングしていくこととしました。また同時に作業時の報告や相談などをあまりせず，自分の判断で進めてしまうことも企業側から指摘を受けていたことから，SSTを行い，相談する際に気をつけるポイントや，報告の際に伝える内容のポイントなど本人と共有しながら進めました。結果，ウェットティッシュを使用する

1)　AQ：自閉症スペクトラム指数
2)　Kiss-18：社会的スキル測定
3)　GHQ30：精神健康調査票

回数については，半日毎にまとめて拭くといった自分なりの対処案を考案し，枚数が減っていく結果がモニタリングによって明らかにされました。本人にもよく成果がわかり，強迫的行為の減少へとつながっていきました。相談・報告の頻度も増加しました。

　本事例は，企業実習にて指摘を受けたことをきっかけに，強迫的行為について職場環境適応に支障のない程度に低減することを目的に介入を行いました。強迫的行為の低減と，業務上の必要なコミュニケーションも増加し，実習先での指摘が減ることになりました。

事例：（①は就労移行支援利用時，②は利用後 1 年経過時）
　B 氏　双極性障害 II 型　20 歳代　女性　服薬有　Kiss-18：① 58 ② 66
　　GHQ30：① 13 ② 8

　高校卒業後，自宅を離れ，一人暮らしで大学生活を始めました。2 回生時に集団の場になじめない，講義についていけないという理由から生活リズムが崩れ，退学となります。実家に戻りましたが，デザイン関連への就職が諦めきれず専門学校に入学しました。しかし学校のスケジュールに体がついていかず退学となりました。精神科医の勧めで就労移行支援事業所を利用することになりました。

　サービス利用開始時の本人の希望は安定して働くためのリズムを作りたいということと，デザイン関係の仕事に就きたいということでした。サービス利用当初から，作業訓練をテキパキと行い，指示内容の遂行をとてもこだわって行いました。訓練はとても熱心に行っていましたが，帰宅するとぐったりするようで，段々と疲労を訴えるようになります。また月経周期と相まると疲労からイライラへ転じやすくなり，他の同性のサービス利用者の振る舞いについて気になると訴えるようになりました。そこで疲労管理を目的として，睡眠時間のモニターと日中の作業ペース配分を注意することを一緒に行うこととしました。また他人に対してイライラした時の対処を，状況の解釈に対する幅を広げることと，具体的な問題解決の両面から考えていきました。結果，体調に関する自覚が高まり，体調が悪くなりそうな時の予防的対処の実行や，イライラした時の早めの相談が行えるようになりました。2 社の企業実習を経て，デザイン関係の業務が行える就労継続支援 A 型事業を活用。3 年利用後，自身でデザイン

関連の業務を起業し，現在も継続しています。

　本事例は，症状にも影響のあった体調のモニタリングを行い，訓練環境への定着を図りながら，働くことで支障となると予想された対人面への介入を行いました。結果，自身の体調の傾向を俯瞰的に自覚できるようになったことで，特に体調が悪い時のイライラについて軽減することができるようになりました。その後も体調についてはセルフモニタリングを継続して行い，状態に応じた対処を行っており，継続就労が行えています。

　個別介入では，支援現場での本人の様子（行動）を見ながら，なぜそのような振る舞いになるのか考えたり（機能分析），定期的な面談によって，対象者の体調の変遷（個体・環境要因の関連）とストレスと感じている状況をどのように捉えているか（認知）を聞き取っていきます。このような日々の情報から本人の状態を見立てます（CF）。対象者が元からできていることを日々の現場や面談でどう関わって伸ばし（分化強化し），過去の経験（学習）から生じている働く上でつまずきそうな部分（行動・認知）をどのように改善を図るのか，神経発達上の器質的な特性を踏まえながら支援環境で可能な支援を対象者の希望と合わせて一緒に検討していきます（問題解決訓練，SST，認知再構成法の適応など）。支援の結果をもとに見立ての修正を図り，対象者の状態に対する見立ての精度が向上したら，それを一定間隔で確認するように切り替えていきます（モニタリング）。対象者と一緒に行うことで対象者自身が自分の傾向を把握，対処できるようになることを目指します（クライエントが自分自身のセラピストになるという認知行動療法の一般的な支援目標の達成）。

　上述したカッコ内の記載以外の内容は私たちが日々行っている就労移行支援における業務と何も変わりません。その私たち支援員が日々行う支援に認知行動療法は専門的な技術を付加し，就労支援の支援効果を高める・促進することができるのです。

2）集団介入

　就労支援における認知行動療法の活用は，医療領域で実践されている集団認知行動療法と同様にグループでの適用が一番多いと思われます。認知行動療法は症状に関する理論モデルが存在しているものがあり，そのモデルに対して標

表 2-1　集団認知行動療法のプログラム例

回数	前半	後半
1	オリエンテーション	心理教育①：自分を知る
2	心理教育②：自分を知る	SST ①：相手の話をよく聞く
3	心理教育③：病気の経過と回復までのプロセス	SST ②：相手に話しかける
4	心理教育④：再発予防について	ストレスマネジメント（肩あげ・呼吸法）
5	就職者の話	企業見学
6	社会のルールについて	SST ③：報告する
7	身だしなみについて	SST ④：断る
8	採用面接について	SST ⑤：面接の受け方
9	ストレスマネジメント（肩あげ・呼吸法）	面接練習
10	ハローワーク見学（ハローワーク職員の話）	
11	ハローワーク関係者の話（働く意義・障害者雇用の状況について）	
12	まとめ	問題解決訓練

準化されたマニュアルがあります。就労支援に関する認知行動療法ついてもそのようなマニュアルを就労支援の効果が高まるように改変され，適応されているものが多いです。国内においては，精神障害に対する集団認知行動療法の実践（池田ら，2012）や発達障害や自閉スペクトラム症のある者に対する集団認知行動療法の実践（池田，2016; 内田ら，2017）が報告されています。

　ここでは働くために必要な能力の向上や知識の提供を行うことを目的とした集団認知行動療法のプログラムを紹介します。

　池田ら（2012）において，精神障害・発達障害のある者を対象として表 2-1 のようなプログラムを実施しています。このプログラムでは，1 回 90 分〜 120 分程度で前半・後半に内容を分けて，8 〜 10 名程度の人数で実施しています。就労移行支援の利用日数の浅い者を対象に，その後の就労移行支援自体を効果的に行えるよう必要な要素を含めた内容にしています。SST，ストレスマネジメントや問題解決訓練を認知行動療法的要素として取り入れながら，心理教育や就職者の話，関係機関の話（ハローワークや企業関係者）などを取り入れて

います。就労支援では座学的な内容だけでなく，より実践的なOJTが効果的であると言われています。内田ら（2017）においても支援機関から制度活用に関する話をする回が設けられているなど，就労支援の文脈に適応した内容を取り入れることが行われています。

　効果測定としては，精神的健康や社会機能評価尺度，社会的スキルを測定する尺度，ストレスへの対処方略の変容について測定する尺度などが用いられています。その他，就労移行支援のためのチェックリスト（独立行政法人高齢・障害・求職者雇用支援機構，2007）をプログラム実施中に行い，自身の働く上での状態について見つめる機会を持つということを行うこともあります。プログラム実施中に起こったことを就労支援事業所内で共有し，日々の支援に活かすような連携が効果を持続的に高めるために必要です。就労支援機関内での実施報告書の回覧や支援に関する会議での情報提供など積極的に行うとよいと思われます。また日々の支援環境で実践された対象者の（良い）行動に対して，即座にフィードバックをしていくことが重要です。日々の支援場面においてあいさつや身だしなみの変化や面談を行っている最中に「このような解決策もあるでしょうか」といった提案が対象者からなされた際に，それはとても良いことであることをすぐに伝えるようにしましょう。どのような変化が求められているか対象者に理解されやすくなります。

　集団介入の就労移行支援上の利点は，多くの対象者に働く上で必要な情報の提供や介入が行え，対象者同士で内容の共有ができることです。就労支援機関では集団で訓練を行う機会が多く，同じ期間中にサービスを利用している者同士で支えあうピア・サポート的な要素も増えていきます。働くための準備性の向上を集団に行うことで，支援機関内での利用者同士の相乗効果を得ることが期待できると言えます。

3）教育領域から福祉・産業領域への接続プログラム（福祉領域からの実践）

　現在このような就労支援における集団介入用のプログラムは他の領域でも活用されています。実際の働くことに直結する産業領域への移行はもちろんのこと，福祉領域への移行を促すためのプログラムが医療領域や教育領域でも実践されています。ここでは教育領域から福祉・産業領域への接続を想定した集団介入について紹介します。

発達障害的特性の高い学生や修学上のつまずきや生活リズムの乱れ等からくる精神的健康が悪化している学生の学生生活上の適応困難感をどのように抽出し，必要に応じて対応部署につなげていくかは各大学の課題となっています。障害学生支援では，障害を理由とする差別の解消の推進に関する法律（2016 年）により，修学支援の充実が図られるようになっている一方で，就職支援に関する対応は全国的にも整っているとは言い難い状況にあります（池田，2021）。一部の大学においては，就職支援の充実化を図る動きがみられつつあり，その一つに学外の福祉機関との連携拡充を図る動きがみられるようになっています。

図 2-5 は，そのような大学と学外機関との連携例を示したものです。縦軸に困り感の程度，横軸に入学して以降の時間経過を想定して，どのような支援サ

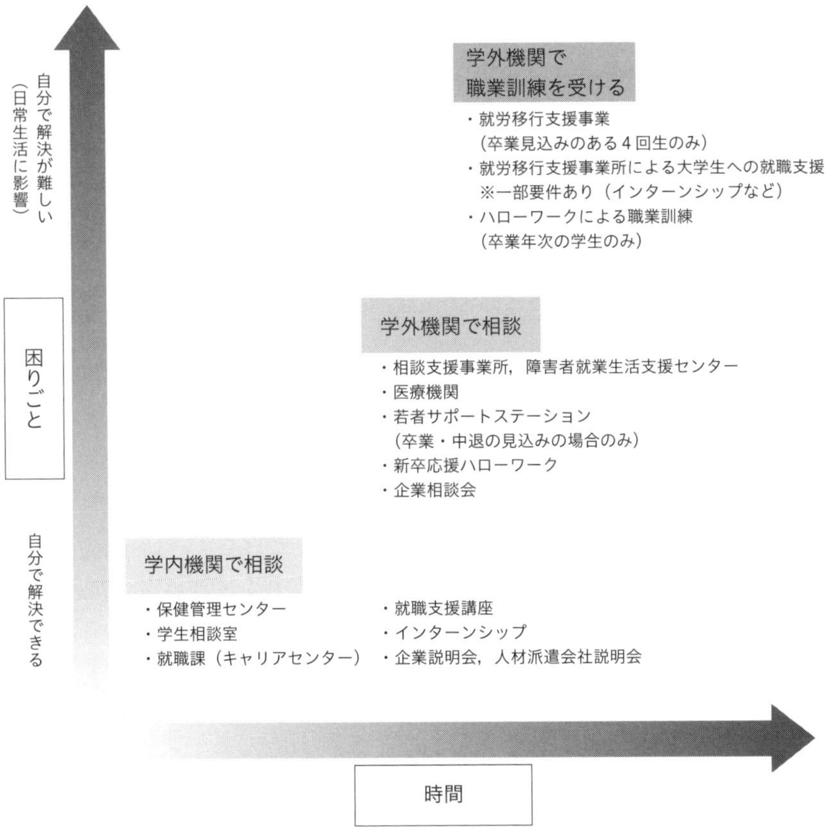

学外機関で職業訓練を受ける
・就労移行支援事業
　（卒業見込みのある 4 回生のみ）
・就労移行支援事業所による大学生への就職支援
　※一部要件あり（インターンシップなど）
・ハローワークによる職業訓練
　（卒業年次の学生のみ）

学外機関で相談
・相談支援事業所，障害者就業生活支援センター
・医療機関
・若者サポートステーション
　（卒業・中退の見込みの場合のみ）
・新卒応援ハローワーク
・企業相談会

学内機関で相談
・保健管理センター　　　・就職支援講座
・学生相談室　　　　　　・インターンシップ
・就職課（キャリアセンター）・企業説明会，人材派遣会社説明会

自分で解決が難しい（日常生活に影響）

困りごと

自分で解決できる

時間

図 2-5　大学と学外機関の連携例

ービスが大学内・学外機関から提供されるか概要を示しています。なお，この図はあくまでも概要であり，大学では提供がなされていないものや，提供されるタイミングが違うものも含まれています。対象の学生が困り感が高まり自分で解決が難しくなってくると，学内機関へ相談することを検討するようになります。図の下部がそのような状態の学生へ提供する学内サービスです。またその困り感がより高まり，学内資源での解決・改善が難しい時に，学外機関が提供するものを活用する選択肢を学内のサポート機関（学生相談室やキャリアセンター，保健管理センター等）と一緒に検討し，活用していきます。ここには福祉サービスや医療サービスが含まれてきます。そのような学外機関の活用歴から，卒業年次や中途退学の見込みになった状態になると，障害福祉サービスへの接続が検討される場合もあります。

　人口の多い都市部では就労系福祉サービス機関から学生へのインターンシップの提供や講座の実施といった職業訓練の提供がなされています。特にインターンシップの提供は効果的であることが述べられており（西村，2018b；高瀬ら，2016; 2017)，対象の学生は学外の機関に出向き，企業環境内で働く体験をすることで働くことに対する意欲・関心を高め，就職活動の促進を図ることを行っています。また，学外の就労支援機関が学内に出向き，学内で講座の提供やインターンシップの設定のための面談を行うことも見受けられるようになりました。保護者に対して講座や相談会を行う大学もあり，対象学生を取り巻く環境へ包括的に関わることも想定されつつあります。大学生への就職支援についても徐々にサービスの拡充が図られています。

　認知行動療法は，こうした学外機関による講座の中で就労支援を高める要素として取り入れられ，先の集団介入で紹介したようなプログラムを学生に対して実施することが行われています。表 2-2 はその実践例です。上が就労移行支援機関内で提供したプログラム例，下が大学内で提供したプログラム例です。いずれも SST や認知再構成（自分を知る）を取り入れ，企業環境を知る機会を提供しています。またこれらは 2021 年現時点の社会情勢を踏まえ，オンラインで提供することも試みられています。遠隔によるプログラム提供や GATB の実施など試行的になされ，その効果の検討がなされています（池田，2021)。就職だけでなく，目の前の学生生活への適応にも効果があり，精神的健康や問題解決対処方略の向上などが確認されています（池田ら，2017)。

表 2-2　プログラムの内容例

回数	内容	
	前半	後半
1	オリエンテーション・GATB*	
2	働くとは	ビジネスマナー
3	自分を知る（認知再構成法）	
4	オンライン配信による企業見学	
5	プレ作業体験（就労移行支援事業所内にて）	

＊検査結果は 4 回目までに返却

回数	内容
1	社会人に必要なビジネスマナー
2	SST「報告をする」
3	オンライン配信による企業見学
4	Web 上での模擬面接練習

　就労支援においても，早期に対象者に必要な情報を届けることで社会へのス
ムーズな移行を促すことができます。思春期・青年期の発達障害のある者の保
護者に向けた就労支援に関する講座の実施（石津ら，2013；2014）なども今
後はより一層拡充が図られていくことと考えられます。領域内での完結したプ
ログラムだけでなく，領域横断的なプログラムの開発や検討はよりなされてい
く必要がある分野と言えるでしょう。

4．おわりに

　いくつかの実践例を記載してきましたが，読んでいただいておわかりのよう
に就労支援における認知行動療法はあくまでも効果的な援助要素のうちの一つ
です。

　ただアセスメントについては，器質的な（神経発達面の）得意・不得意を見
立てていくことと合わせて，認知行動療法の相互作用システムを想定した，認
知・行動・情動・身体面の関連を包括的に見立てることは支援としては必須事
項に近いと考えています。どの支援者にも優先的に必要な技術であると言えま
す。そして精度の高い見立てが立てられた後は，それに対するアプローチはさ

まざまな専門性や支援員個人の多様な知識・経験を活かせられたらよいと思っています。

　就労支援という文脈の中での認知行動療法の活かし方を知って，ぜひ日々の支援へと適応していただけたらと思います。

引用文献

独立行政法人高齢・障害・求職者雇用支援機構（2007）．就労移行支援のためのチェックリスト―障害者の一般就労へ向けた支援を円滑に行うための共通のツール．調査研究報告書 No20.

石津乃宣・池田浩之・西村真由美・香美裕子・稲葉綾乃・井澤信三（2012）．高機能広汎性発達障害児・者をもつ保護者のための就労準備支援講座の開発と効果の検討．日本特殊教育学会第 50 回大会.

石津乃宣・池田浩之・西村真由美・香美裕子・稲葉綾乃・井澤信三（2013）．高機能広汎性発達障害児・者をもつ保護者のための就労準備支援講座の開発と効果の検討（2）．日本特殊教育学会第 51 回大会.

池田浩之・森下祐子・茂木省太・中井嘉子・井澤信三（2012）．精神障害者の就労支援における認知行動療法の効果の検討―SST および心理教育を中心に用いて．行動療法研究，38(1): 47-56.

池田浩之（2013）．精神障害のある方の就労準備性における一考察―就労移行支援を継続して行うためには．日本職業リハビリテーション学会第 41 回発表論文集.

池田浩之（2014）．大阪地域における就労支援ネットワーク．精神障害とリハビリテーション，18(2): 146-150.

池田浩之（2016）．高機能自閉症スペクトラム障害者の心理的特性を踏まえた就労支援プログラムに関する研究．兵庫教育大学連合大学院.

池田浩之・田中翔・久保川良子（2017）．発達障害のある障害学生を想定した就職支援事業の取り組みについて―就労移行支援事業での実践を通じて．日本職業リハビリテーション学会第 45 回発表論文集.

池田浩之（2021）．発達障害的特性の高い大学生に対するオンライン配信を用いた就職支援プログラムの活用について．発達心理臨床研究，28.

菊池美智子・榊原聡・江口真理子・林寿美子・服部有香・村手恵子・奥田幸子・永井優子（2007）．就労準備デイケアにおける問題解決技法を用いたプログラムの実践―精神障害者グループと社会的ひきこもりグループを対象として．愛知県立看護大学紀要，13: 15-23.

熊谷直樹（2007）．医療から雇用・就業への移行の新動向―精神障害者領域を中心に．職業リハビリテーション，21(1): 43-48.

厚生労働省（2021）．障害者の就労支援対策の現状．https://www.mhlw.go.jp/stf/seisakunitsuite/bunya/hukushi_kaigo/shougaishahukushi/service/shurou.html（2021 年 11 月時点）

松為信雄（2014）．就労支援ネットワークの形成．精神障害とリハビリテーション，18(2)：162-167.

日本認知・行動療法学会（2020）．認知行動療法トレーニング・ガイドライン．http://jabt. umin. ne. jp/qualification/（2021 年 11 月閲覧）

西村優紀美(2018a)．大学における発達障害学生支援．明星大学発達支援研究センター紀要，3: 6-8.

西村優紀美（2018b）．発達障害のある大学生の支援―修学支援から就職後の支援まで．学園の臨床研究，17: 5-14.

桶谷文哲・西村優紀美（2013）．発達障がいのある大学生への支援―修学支援から就職支援への展開．学園の臨床研究，12: 45-52.

大山勉(2006)．精神障害者リハビリテーションにおける回復過程と支援のあり方―精神科デイケアを利用し就労した 2 事例を通しての考察．職業リハビリテーション，20(1): 23-31.

篠田晴男・島田直子・篠田直子・高橋知音（2019）．学生の発達障害関連支援ニーズを踏まえた障害学生支援体制構築の課題．高等教育と障害，1 (1): 61-73.

高瀬智恵・松久眞実・今村佐智子・小脇智佳子（2016）．発達障害学生の就労支援―就労移行支援事業所との連携"キャンパスチャレンジ"の試み．プール学院大学研究紀要，58: 69-83.

高瀬智恵・今村佐智子・奥村弥生・小脇智佳子・松久眞実（2017）．発達障害学生の自己理解を進めるためのアプローチ―就労に向けた支援システムにつなげた事例から．プール学院大学研究紀要，57: 303-317.

丹治敬之・野呂文行（2014）．我が国の発達障害学生支援における支援方法および支援体制に関する現状と課題．障害科学研究，38: 147-161.

梅永雄二（2017）．発達障害者の就労上の困難性と具体的対策― ASD 者を中心に．日本労働研究雑誌，685: 57-68.

内田亜由美・田邊恭子・椎名明大・伊豫雅臣（2017）．青年期広汎性発達障害患者に対する集団認知行動療法の就労支援効果に関する試み．臨床精神医学，45(3): 357-365.

若林功（2008）．応用行動分析学は発達障害者の就労支援にどのように貢献しているのか？ ―米国の文献を中心とした概観．行動分析学研究，23(1): 5-32.

コラム

福祉領域における認知行動療法のコンピテンス

山本　彩

　具体的テーマをお伺いする前に本書への執筆依頼をいただいた際，「私は門外漢なので他の方を」とお伝えさせていただいた。筆者にはこれまで，発達障害者支援センターや障害者相談支援事業所の相談員，刑務所非常勤心理士としての勤務経験があり，またそれらの業務の一貫としてハローワークの巡回相談員の経験もあったため，「働く」「お金」「生活」に関する「相談支援」は筆者にとってごく身近なテーマであったが，職業リハビリテーションの専門書に何か書けるような知識も経験も技術も持ち合わせてないことは明白だった（しかも，認知行動療法の本なんて！　身の丈にあわなすぎる！）。

　しかし，「そうおっしゃらずに」と言って「コラム・福祉領域における認知行動療法のコンピテンス」という具体的テーマを見せていただいた時，自分の中でアドレナリンが噴き出すのを感じた。「コラム！　福祉領域！（コンピテンスやCBTは，うまく取り扱えないかもしれないけど）」。筆者はこれまで福祉領域で勤務する中で，長年モヤモヤやウズウズを感じてきた。それらを俯瞰・整理できる機会にさせていただけたらと考えた。また，ちょうど時期を同じくして，就労支援領域で認知行動療法を実践する先生たちとシンポジウムやワークショップを企画する機会にも恵まれ，「この素晴らしい先生たちとのディスカッションで得たことを，少しでも多く文章として残しておきたい」とも考えた。「コラム」というカジュアルな響きも背中を押してくれた。微力ながらいただいたテーマについて論じていきたい。

1）大学の先生，心理の先生，福祉の職員（という言葉が持つ機能は？）

　上述の，就労支援領域で認知行動療法を実践する先生たちと，さまざまな企画について検討している際，テーマの一つに上がったのが「研究と実践」だった。ここからは筆者の解釈が多く入ることをご容赦いただきたい。言葉を選ば

ずに書くならば、「大学の先生は、研究は得意なのだろうが、実践力は伴っているのか？　または実践に役立つ研究をしているのか？」という問いであり（筆者自身、大学教員であるので自問自答である）、一方で「実践家は支援には慣れているだろうが、その支援はエビデンスに裏打ちされているのか？　本人のウェルビーイングの向上に真に寄与していると言えるのか？」という問いであった（筆者自身、長年そのようなことを顧みる余裕もないままに、目の前の方の支援をひたすらに行う日々を送ってきたので、これも自問自答である）。もちろん私たちの企画では、両者を対立させ決裂させて終わらせたのではなく、論点を整理し、研究と実践の架け橋の具体的可能性を検討・提言して企画を締めくくった。詳細についてはここでは省くが、とにかく、人間どうがんばったって等しく 24 時間 365 日しか使えないのだから、研究と実践について役割分担や連携をしながら進めなければ両者大きな進展が望めないのは明らかだろう。

　筆者は同じような偽・対立構造（本当は対立していないのに、まるで二律背反のように語られることを、ここではこう呼びたい）を、「心理の先生－福祉の職員」という言葉にたびたび感じてきた。「〇〇さんは心理士さんだったんですね！」「あ、いや……でも……私、普通に福祉の職員してて……全然心理っぽくないんです……」というような会話に象徴されるものである。「心理っぽい」とはどういうことなのだろうか？　構造化された環境の中で、比較的短時間、定型的な支援をするのが「心理っぽい」「心理の先生」であり、そうでないのが「福祉の職員」なのだろうか？　また、この会話が暗に示すように、「心理の先生」はどこか上等という暗黙知でもあるのだろうか？

　また、同じ福祉領域の中でも、「相談支援－直接支援」で偽・対立構造がおきることがあるように長年感じてきた。若手の相談支援員が、身体介助をする職員から、「あなたは、いつもきれいな服着て、机に座って、ただ話を聞いているだけでいいね」と言われたという話を何度か聞いた。身体介助をする職員も相談支援員も、両者大学では心理学を学んできていた。一方の話しか聞いていないので事実関係は不明であるし、筆者の中の「いつも直接支援をしてくださる方々には、本当にお世話になりっぱなしだなぁ……ありがたいなぁ……」というある種の罪悪感が、過剰にこうしたエピソードを修飾しているのかもしれない。そしてもちろん、相談支援員が楽をしているわけでは決してない。相談支援の現場では、家族や行政、複数の支援機関との調整が難航することが多く、

何より，どう考えても圧倒的に少ないご本人のニーズにあう社会資源を探すために（既存の社会資源がなければ作り出すことを含め），電話をかけまくり，かけずりまわり，頭を下げまくっている相談支援員の姿を多くの人は知らない。このように同じ福祉領域の中でも，互いにさまざまな感情がおこりうる（これらの根拠資料を探し提示したいところであるが，コラムの性質上ここでは割愛する）。

　以上のように，「科学－実践」「構造的－非構造的」「相談支援－直接支援」が対立構造のように語られることが多いが，これらは二律背反の両軸にあるものではなく，それぞれが福祉を構成する要素であり，逆に言うとこれら全てを広く包含することこそが福祉の特徴と言えるのではないだろうか。「　」の後者，つまり「実践」「非構造的」「直接支援」の比重が高くなるほど，想定外の，まったなしの対応が求められる場面に遭遇することは多い。結果的に，支援者は身体的なエネルギーも感情的なエネルギーも想定外の時間も消費することが多くなる。一方でそれゆえ「これぞ福祉」という自負心も得られ，「　」の前者の側に一言言いたくなると感じてきた。筆者は福祉のこうした性質を充分知った上で CBT を行うことが，福祉領域では重要だと常日頃感じてきた。というわけで，ここからいよいよメインテーマである福祉領域における CBT のコンピテンスについて触れていきたい。

２）福祉領域における CBT のコンピテンス

　コンピテンス概念を整理，提唱した White は（1959），コンピテンスを「生物が生得的にもっている，環境と効果的に相互作用する能力のことを指す」と定義した。この定義の「生物」のところを「CBT」に，「環境」のところを「福祉領域」に変換してみよう。「CBT が本来もっている，福祉領域と効果的に相互作用する能力のことを指す」となる。

　CBT が福祉領域と相互作用するためには，まず，１．で述べた偽・対立構造を俯瞰し，整理し，どの部分に，どの CBT が機能しうるかを検討する必要があると考える。

　「科学と実践」に CBT が機能するためには，大野（2021）が提案するように，「研究者－科学者―実践家」が相互に役割分担をする体制を構築する必要があるのではないだろうか。そこでは，研究者は基礎研究を含めた CBT の研究を

行い，実践家は CBT をユーザーへ提供し，科学者はその両者をつなぐはたらき
をする。3 者が互いにリスペクトしあい，強みを活かし合う体制である。科学
者が行う科学は，研究者のような「素晴らしい論文を書くこと」に限定されな
い。科学者は CBT を使用しながら，仮説検証的で客観的な態度を持ち続けるの
である（大野，2021）。科学者がそうした態度で書く事例報告もまた，貴重な
論文の一つであることは間違いないだろう。

　「構造的と非構造的」支援について CBT が機能するためには，それらの特徴
を整理しておく必要があるだろう。構造的な状況下では要因をコントロールし
やすいが，生身の日常からは少なからず切り離されたものとなる。非構造的な
状況下では要因をコントロールしづらいが，生身の日常を取り扱うことができ
る。「構造的と非構造的」それぞれの場面について，上述の「研究者−科学者−
実践家」がカバーしあえれば，より重層的な研究や実践ができるだろう。そう
した体制の中で，何を効果測定の指標にすべきか，どれくらいの期間データを
追跡すべきかなどを含め，研究デザインについて議論していきたい。

　「相談支援と直接支援」に CBT が機能するためには，何より，CBT を学んだ
人たちが相談支援にしろ，直接支援にしろ，現場に関与する必要があるだろう。
相談支援と直接支援といっても，対象者や根拠となる法律，事業種などによっ
て，福祉がカバーする領域は非常に広い。現時点での福祉領域における CBT の
関与は非常に限定的であると感じる。

　コンピテンスに話を戻そう。「CBT が本来もっている，福祉領域と効果的に
相互作用する能力のことを指す」。CBT がどう福祉に機能しうるかという話を
これまでしてきたが，「相互作用」なので，福祉領域が CBT にどう機能しうる
かというベクトルについても最後に触れ，このコラムを締めくくりたい。

3）福祉領域での CBT は楽しい！　仲間求む！

　筆者はこれまで，医療，教育，司法，産業，福祉領域に少なからず関わって
CBT をしてきたが，最後（？）に福祉領域に辿り着き，福祉領域での支援を長
く続けている理由は，何と言っても福祉領域がとても楽しいと感じるからであ
る。これまで学んできた CBT のノウハウを活かせる場面が多いと実感できる
し，福祉ではご本人やご家族の日常生活を拝見することができるので CBT が
どのように生活に機能しているかを自分の目で見ることができる。また上述の

通り福祉領域はとても広いので，キャリアアップのために他の事業に身を置き，視点を変え，そこからこれまでの自分の研究や実践を振り返ることもできる。飽きっぽい筆者が 15 年以上福祉領域にいて，まだまだ福祉領域で CBT を続けたいと思っているなんて福祉領域における CBT のコンピテンスには驚いてしまう。今後，もっともっと仲間を増やしていきたい。

引用文献

大野裕史（2021）．自主シンポジウム就労支援の認知行動療法から考える科学と実践．日本認知・行動療法学会第 47 回大会抄録集．Web

White, R. W.（1959）．Motivation reconsidered: The concept of competence. *Psychological Review*, 66: 297-333.

第3章

職業リハビリテーションにおける
認知行動療法の実践

産業領域

谷口敏淳／渡邊明寿香／伊藤大輔

第1節
産業領域における心理支援の実際と CBT の可能性

谷口敏淳

1．企業に支援者として関わる上で押さえておきたいこと

　私たちの社会参加の主な形態の一つは「就労」です。そもそも職業リハビリテーションとは,「何らかの障害に起因して発生する働く上での困難に対する専門的な介入」（職業リハビリテーション学会, 2020）であり, その支援を受ける人はもちろん, 周囲に対するアプローチを考えると, 日本の労働者数 6,697 万人（総務省統計局, 2021）を対象とした非常に広範な分野と言えます。さらに支援に関連する要因は業種や雇用形態, 役職など多様であり, 一括りに語ることが容易ではないことは想像に難くないでしょう。そのような限界を踏まえた上で, 本章では一般企業 [1] における職業リハビリテーションについて認知行動療法（以下, CBT と記載）の視点から述べていきます。

---

1)　ここで述べる一般企業とは,「人が働く環境」の総称として用いています。私たちが働く場所は, 株式会社や医療法人, NPO 法人等の法人格の違いや, 公的機関から民間企業まで幅広く含むものです。

1）企業におけるメンタルヘルスケアの位置づけ

　私たち支援者が認識しておかなければならない大前提があります。それは，"企業は労働者のケアが本務ではない"ということです。労働基準法第2条には「労働者及び使用者は，労働協約，就業規則及び労働契約を遵守し，誠実に各々その義務を履行しなければならない」とあります。つまり，労働者と使用者（経営者）の間には，その企業に就職する際に交わした労働契約があり，労働者はその業務を遂行する義務があるわけです。そしてその業務遂行に対して賃金が支払われるという契約を結んでいます。このことを支援者である我々はまず認識しておく必要があります。なぜならば，職業リハビリテーションの文脈で関わる医療や福祉，時に教育や司法など他の分野では，社会適応の支援が本務と考えられるからです。医療であれば患者の，福祉施設であれば利用者の生活を支援するのは，その分野に従事する者の仕事です。ただ，産業では従業員の適応を支援することは，必要はあっても仕事ではありません（企業内にも従業員の健康管理を業務としている職種はありますが）。そして我々対人援助職は，そうした環境にいる精神障害者やメンタルヘルス不調者の支援を行うことになります。この前提を理解しておかなければ，支援者として同僚や上司といった職場環境との連携が困難になり，最終的に支援している精神障害当事者の職場適応を支援できないことにもなりかねません。産業分野の支援にはこうした難しさが伴うため，個人への介入に加え，周囲への説明や調整のスキルがより求められます。

　一方で，労働基準法をはじめとした各労働法規は，労働に伴う最低基準を定めた法律であり，労働者の権利を守るためにあります。労働者を雇用する使用者には，労働者の安全配慮義務が課されていますし，不当解雇の禁止が明文化されています（厚生労働省，2008）。そして近年では，企業がメンタルヘルスケアに取り組む必要性が高まってきています。働き方改革をはじめ，障害者の法定雇用率が引き上げられたことや，改正障害者差別解消法により合理的配慮の提供が民間事業主に義務づけられます。加えて，健康経営の取り組みなど，従業員のQOLを重視する動きがみられます（経済産業省，2021）。つまり組織の経営戦略として，従業員の健康を重視する取り組みが社内で進められ，その一環としてメンタルヘルスケアが推進されている流れもみられます。企業で心理支援の実践を行なっていく上で，これら企業の前提を理解しつつ，労働者

の権利と関連法規，そして昨今の企業の風潮を包括的な視点で理解しておく必要があるでしょう。

2）産業分野で支援をする専門職と外部機関

　産業分野の支援では，組織内外の専門職や専門機関と連携することがほとんどです。まず職種については，職業リハビリテーションに関する職種として障害者職業カウンセラーやジョブコーチ（日本職業リハビリテーション学会，2020）が，また産業保健活動に係る主な専門職として，産業医，保健師・看護師，衛生管理者（・衛生工学衛生管理者）などが挙げられています（厚生労働省，2019）。これら他の専門職の役割や，根拠となる法律を一度確認しておくとよいでしょう。

　また，地域にある外部支援機関として，公的機関では産業保健総合支援センターや地域産業保健センターなどがあります（厚生労働省，2019）。さらに，民間で企業のメンタルヘルスケアを行う外部専門機関として Employee Assistance Program（従業員支援プログラム。以下，EAP と記載）があり，わが国においても EAP の有効性を示す実践があり（Nakao et al, 2007），近年その市場規模も拡大しています。

3）支援の対象

　何らかの身体的または精神的障害があるために，職業上の困難を持つ者が職業リハビリテーションの第一義的な対象者です。しかし，職業リハビリテーションにおいては，個人とそれを取り巻くさまざまな環境条件の双方に焦点を当てることが不可欠です（日本職業リハビリテーション学会，2020）。私たちが企業に支援する場合，支援対象となる障害当事者を中心に，同僚や上司などさまざまな立場や状況があります。それぞれ実際の支援を想定し，それぞれの対象について整理してみます。

①精神障害当事者

　まず主な支援対象となる障害当事者です。産業分野では「メンタルヘルス不調」と「障害者雇用」の枠組みの理解が役に立ちます。具体的には，職場環境との関係性やソーシャルサポートの活用に関するアセスメントや介入に関係し

てくるからです。ただし，企業の中で支援を行う場合のほとんどは，その方がどのような枠組みで働いているかはわからず，支援者自らが確認する必要があります。一般的には，以下の3つのパターンが考えられます。なお本章では，特に区別が必要な場合を除いて「精神障害当事者」として統一します。

　ⅰ）障害者雇用

「障害者雇用」の枠組みで雇用されており，障害があることを開示して就職しています。当然ですが企業側も雇用の段階で障害を認識しており，配慮する内容や必要性についても同意して雇用していると想定され，職場環境の調整を管理職や上司に提案しやすい雇用形態と言えます。

　ⅱ）メンタルヘルス不調者（疾患や通院を開示）

　一般雇用で就職している方で，メンタルヘルスの問題を抱えている方々です。その中でも，疾病や通院について上司等に開示しており，必要な際には職場でも一定の配慮を受けながら働いている状況が想定されます。この場合，職場環境への介入が可能であれば上司等にアセスメントを共有し，適切な対応を相談するなども考えられます。

　ⅲ）メンタルヘルス不調者（未受診および通院等を非開示）

　一般雇用で就職している方でメンタルヘルスの問題を抱えている方々ですが，ご自身の疾病や通院について伝えていない状況です。この場合，セルフケアに対する支援が中心となります。状態によっては専門の医療機関への受診を促すことや，すでに通院されている場合は，職場に対して通院等の状況を開示するか否かの意思決定支援なども行ないます。

②同僚や直属の上司

　直接支援をしている精神障害当事者が安心して働いていくために，一緒に働く同僚や上司にも関わることが望ましいでしょう。実際の支援では，精神障害当事者の調子悪化による欠勤などがあった場合，その業務の負担を同僚や上司が担っている状況を見聞きします。そうした場合，職場内で不満が生じやすく，精神障害当事者にとって安心できる環境ではなくなってしまいます。こうした状況をできるだけ防ぐためにも，同僚や上司に対する介入も念頭におきたいものです。

③経営者・管理職

　②に含まれる精神障害当事者と直接関わる上司よりも，より組織の体制に関与する立場の方々への支援になります。精神障害当事者の業務負担の調整や部署異動の検討といった具体的な対応に関する相談に加え，職員に向けた研修の企画など，組織全体のメンタルヘルスケアへの取り組みも提案できるとよいでしょう。

2．CBT を活かそう

　産業分野の支援において CBT は適した心理療法だと考えています。CBT はうつや不安障害に対する有効性が示されていますが（NHS, 2022），こうした技法自体の治療効果はもちろん，その"わかりやすさ"が大きな強みです。実際の支援では，精神障害当事者の支援に加え，周囲への説明や調整が必要な場面があります。ただし限られた時間の中で全てが行えない場合もあり，その内容を産業保健師等に伝えてもらうことも少なくありません。そうすると，伝えた内容が正確に伝わらないなど，齟齬が生じてしまう可能性があります。特に目に見えないメンタルヘルスの問題についてはより難しいのは明らかです。こうした現状からも，アセスメントや対応といった支援に関わるコミュニケーションについてわかりやすいというのは，当事者の支援において非常に大きな意味を持つと言えます。

　また，企業に対するアカウンタビリティ（説明責任）の観点でも，CBT は有用です。支援の必要性や介入の根拠，そして効果予測など，専門家としての説明が求められた場合に，企業の方々に説明できなくてはなりません。民間の外部 EAP として介入する場合はなおさらです。これら科学的根拠に基づく実践として CBT は産業分野に適した技法であると言えます（松永・土屋，2020）。次から，CBT を用いた具体的な支援の考え方について，架空事例をもとに深めていきたいと思います。

1 ）事例：A さん（うつ病，社交不安障害　29 歳　男性　PHQ-9[2]：13 点）
　①職業：製造業（入社 10 年目・課長）

---

2 ）　PHQ-9：Patient Health Questionnaire-9

②<u>病歴</u>：高校卒業後に現在の会社に入社。電子部品の製造部門に配属となり，製造ラインの一員として仕事を始めました。きっちり仕事をこなす真面目な性格に加え，作業効率化の提案などが評価され，入社6年目に製造管理部門に異動。そこでもマネジメント能力などが評価され，30歳となった今年課長に昇進しました。高校卒業者が課長になるケースは珍しく，社内でも話題の人事となりました。しかし昇進後は仕事量が増えたことに加え，部下が急に増えたことで不安を感じる機会が増加。さらに私生活でも，親友が他界するなどストレスイベントが重なったことが影響してか，不眠や抑うつ症状が出現しました。まだ仕事を休むようなことはありませんでしたが，家族の勧めもあり精神科を受診しました。精神科では睡眠導入剤が処方され，比較的早い段階で眠れるようになったことで全体的に改善したため，数回の通院で終了しました。その後は落ち着いていたものの，会社のストレスチェックで高ストレス者となったことから，産業保健師の勧めでカウンセリングに至りました。なお，現状について産業保健師は把握しており，職場の上司もしんどい状況であることは共有できていました。

③<u>支援の構造</u>：月1回の企業訪問時にカウンセリングやコンサルテーションを実施。1枠最長50分までとし，会社の一室で行っています。面接時間の調整やフォローアップ等の企業内の調整は，産業保健師が担当しています。

④<u>初回面接</u>：これまでの経過と状態について聴取すると同時に，PHQ-9（Muramatsu et al., 2018）を実施したところ，中等度の症状を示す13点でした。Aさんからは「今のところ働けてはいるが，出勤するのがけっこう辛いです」と疲れた表情がみられました。また，部下からの評価が気になりコミュニケーションを避けてしまっているが，上司（部長）から，部下ともっとコミュニケーションを取るように言われて困っているとのことでした。この部下からの評価に対する不安について掘り下げると，Aさん自身は高校卒業である一方，部下のほとんどは大学卒業であることから，何か指摘された時に答えられるかが不安とのことでした。一方，これら業務の不安につながる考えを反芻することはなく，帰宅後や休日に"休めている感覚"はあるとのことでした。

⑤<u>アセスメントおよび介入</u>：PHQ-9から中等度のうつ症状があることに加え，部下からの評価懸念による安全確保行動が業務の支障になっていると考えられました。ただ，①業務の不安に関する反芻は限定的，②休める感覚が

ある，そして③産業保健師にも相談ができる関係である，ことから行動実験
（Behavioral experiment）など直面化を伴う CBT 的介入も取り入れられると
判断し，本人および産業保健師に対し，以下のような介入を行ないました。

　ⅰ）**本人に対する介入**：初回面接時に，まずは PHQ-9 の結果から中等度の
　　うつ状態を示す点数であることを共有し，無理をしすぎないことや，必要
　　であれば精神科の再受診を検討することを共有しました。また，心理教育
　　としてＡさんの状態を引用しながら，認知モデルの基本的な説明と，部下
　　に対する安全確保行動によるメカニズムについて説明しました（図 3-1）。
　　回避することで悪循環になっていることを改めて確認し，具体的に部下と
　　のコミュニケーションに向き合う取り組みを話し合いました。その結果，
　　まずは一番話しかけやすい部下をその場で決めてもらい，その部下に対し
　　て仕事の状況を聞く機会を持つことを宿題としました。そしてその際，可
　　能であれば職場の改善点を聞くことも合わせて提案しました。最後に，本
　　面接の内容（アセスメントおよび介入）について産業保健師および上司と
　　の共有の可否について確認したところ，ひとまず産業保健師のみに留めて
　　ほしいとのことでした。

　ⅱ）**産業保健師への説明**：Ａさんとの面接内容について共有したのち，改め
　　てＡさんの会社内での評価や周囲との関係について確認しました。その結

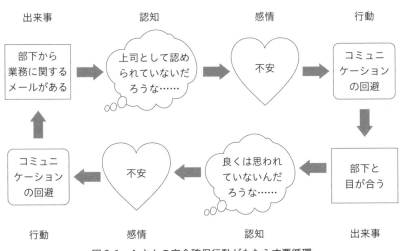

図 3-1　Ａさんの安全確保行動がもたらす悪循環

果，会社としても期待している人材で，周囲からの評価も良いとのことでした。ただ部下の中に，実際に文句が多く難しい社員もいるとのことでした。Aさんには次回訪問時にも面接に来てもらうよう調整を依頼し，次回までに可能な範囲で課題の確認を依頼しました。

⑥その後の経過：次回訪問時（1カ月後），最初に短時間で産業保健師に現状を確認すると，課題は取り組めたようで，職場でもやや落ち着いている状況が聞かれました。その内容を踏まえてAさんとの面接に入り，最初にPHQ-9を実施したところ9点（軽度）でした。前回よりやや減少しており，Aさん自身からも楽になった感覚があるということでした。そして前回の宿題について確認すると，前回の翌週には挑戦してみたということで「ちょっと自分が調子にのっていたなと思いました」と苦笑いを浮かべられました。詳細を問うと，最初に話すことを決めた部下とは仕事の状況に加え，職場の課題を含めていろいろと話ができたとのことでしたが，「課長になって発信がなくて寂しく感じている」と言われたことが印象的だったようです。その部下は，職場環境や業務改善に関する意見を会社側に伝えてきたAさんのことを頼もしく思っていたとのことです。ただ課長になってからそうした発信が見て取れず「課長になったらいろいろあるんだろうな」と思っていたとのことでした。また別の部下にも宿題としてテーマを聞いてみたところ，特に否定的な感想はなかった上に「こういう話せる機会がほしかった」とも言われたとのことでした。これらの結果から，課長になった責任を強く感じてしまっていた自分について"自分が調子にのっていた"と表現されました。また，友人が他界したことも大きく，"友人の分までしっかり生きないと"という思いにも気付いたとのことでした。筆者からは，これら業務中に生じる認知について，その背景を含めて俯瞰して捉えることができるようになったことや，回避が悪循環を形成していたことが体験的に理解できたことについて，最大限の賞賛と保証を行いました。一方，現実的に批判的な部下の存在についても確認し，その部下とのコミュニケーションで起こりうる状況を想定し，その対処について話し合いました。前回よりはうつ症状も軽減しているとはいえ，まだ心理的ケアが必要な段階であることを確認し，産業保健師とも引き続き状況を共有させてもらうことで同意を得ました。

　その翌月の訪問時にも面談し，PHQ-9は4点（軽微）と減少していたこと

や，難しい部下とも直接話すことができたことが聞かれ，現状は落ち着いたとの認識が聞かれました。ただ再発を防ぐための方法を知りたいとのことから，Aさんの日常生活からメンタルヘルスの指標となる行動と，そのモニタリングの方法について整理しました。その結果，ストレスを強く感じている際にはやはり睡眠に出やすいことと，アルコールの摂取量が多くなるとのことで，この2つをストレスの指標とすることとしました。その状況の確認のため，2カ月後に一度面接を行い，順調に経過していたことから終結としました。

2）事例からみる心理支援のポイント

①求められる素早いアセスメントと介入

　本事例では，外部専門機関として月に1回企業に訪問する形態の支援であり，実施場所も訪問企業先でした。こうした支援の構造は契約に依存するため，その枠組みに合わせて可能な支援を考える柔軟な姿勢が必要になります。本事例では初回面接時に，①うつ症状の評価，②CBT的アセスメント，③アセスメントの共有，④介入の提案，を行いました。必要最小限の情報収集から素早いアセスメント（心理測定尺度を用いた定量的な精神症状の評価，認知行動的なメカニズムの図示）と，改善に向けた介入案について話し合いました。もちろんここまでを一回の面接で行うためには相応の経験とトレーニングが必要になりますが，CBTの基本的態度である協働的経験主義に基づき，仮説と介入方法をできる限り共有しながら進めていくことが重要です。もちろん事例にもよりますが，産業分野では本事例のように1回〜数回の介入で改善することも少なくなく，医療機関に来る前の段階での認知行動的介入やケースワーク等の心理社会的介入の有効性を感じます。

②説明責任と守秘義務

　本事例では，Aさんとの面接内容を産業保健師とも共有し，フォローする体制を整えています。エクスポージャー法（暴露療法）や行動実験といった心理的負荷を積極的にかけていく介入を企業で取り組む場合，より明確に根拠と方針の説明を行います。結果的に出社への恐怖が高まってしまう可能性もゼロではないためです。従って，リスクマネジメントとして本人はもちろん企業側にも理解してもらっておく必要があります。さらに，本事例のようにCBT的介入

のフォローを企業内の他の専門職と連携して行えると，同じ組織内で CBT 的な視点での支援が行える環境の構築につながります。CBT の社会実装に向けても理想的な動きだと考えています。

　ただ，こうした連携に基づく支援では，守秘義務との兼ね合いが常につきまといます。特に心理職教育において守秘義務の重要性が強調される印象があります。もちろん精神障害当事者との安全なコミュニケーションにおいて重要な概念であり，心理支援の専門家として企業側にその重要性を伝えていく役割が求められます。しかし一方で，守秘義務を盾に必要な情報を関係部署に知らせないなどは企業にとってのリスクにもなりうるため，産業保健スタッフは職場でのリスクマネジメントと守秘義務とのバランス感覚を磨く必要性が指摘されています（大西，2020）。企業の安全配慮義務の理解に加え，精神障害者に関わる専門職として，精神障害における措置入院の判定基準（厚生労働省, 2001）なども知っておくと助けになるでしょう。なお，筆者の場合は，初回面接の際には自分自身の専門性（医療現場のキャリアが長く，問題解決型のカウンセリングである認知行動療法が専門であること）を説明したのち，①基本的には守秘義務があるため安心して話してもらいたいこと，②面接時の内容で職場と共有した方がよいと思う点については提案させてもらうこと，③実際に共有する際には必ず本人の同意を得ることを説明してはじめています。

　ここまで産業分野における心理支援や連携に関するポイントについて包括的に概観したのち，CBT に基づいた実際の介入について架空事例を通じて理解を深めました。CBT の強みとしてプログラムの構造化，そしてその有効性を科学的に検証するという立場があります。そうした実践や効果研究の蓄積として，リワークプログラム（復職支援プログラム）があります。近年，行政や民間などでの実践が認められてきたリワークプログラムですが，次からはその具体的な実践と有効性について焦点を当てて述べていきたいと思います。

引用文献

経済産業省（2021）．健康経営の推進について．経済産業省. Retrieved from https://www. meti. go. jp/policy/mono_info_service/healthcare/downloadfiles/211006_kenkokeiei_gaiyo. pdf（2022 年 1 月 28 日閲覧）

厚生労働省(2001)．精神保健及び精神障害者福祉に関する法律第二十八条の二の規定に基づき厚生労働大臣の定める基準. 厚生労働省. Retrieved from https://www. meti. go. jp/

policy/mono_info_service/healthcare/downloadfiles/211006_kenkokeiei_gaiyo. pdf（2022年1月28日閲覧）

厚生労働省（2008）．労働契約法について．厚生労働省．Retrieved from https://www. mhlw. go. jp/stf/seisakunitsuite/bunya/koyou_roudou/roudoukijun/keiyaku/ roudoukeiyaku01/index. html（2022年1月28日閲覧）

厚生労働省(2019)．産業保健活動をチームで進めるための実践的事例集―産業保健チームを効果的に活用しましょう！．厚生労働省．Retrieved from https://www. mhlw. go. jp/ bunya/roudoukijun/kijyungaiyou01. html（2022年1月28日閲覧）

松永美希・土屋政雄（2020）．産業・労働分野への認知行動療法の適用と課題．認知行動療法研究，46(2)：133-142. doi: 10.24468/jjbct.19-011

Muramatsu K., Miyaoka H., Hamihima K., et al.（2018）．Performance of the Japanese version of the Patient Health Questionnaire-9（J-PHQ-9）for depression in primary. *General Hospital Psychiatry*, 52: 64-69.

Nakao, M., Nishikitani, M., Shima, S., & Yano, E. (2007). A 2-year cohort study on the impact of an Employee Assistance Programme（EAP）on depression and suicidal thoughts in male Japanese workers. *International archives of occupational and environmental health*, 81(2): 151-157.

NHS HP Overview（2022）．Cognitive behavioural therapy (CBT) NHS HP Retrieved from https://www. nhs. uk/mental-health/talking-therapies-medicine-treatments/talking-therapies-and-counselling/cognitive-behavioural-therapy-cbt/overview/（2022年1月28日閲覧）

大西守（2006）．職場でのメンタルヘルス活動・管理の実際．松仁会医学誌，45(1)：1-6

職業リハビリテーション学会（2020）．職業リハビリテーション用語集．やどかり出版．

総務省統計局（2021）．労働力調査（基本集計）2021年（令和3年）9月分結果．総務省統計局. Retrieved from https://www. stat. go. jp/data/roudou/sokuhou/tsuki/index. html（2022年1月28日閲覧）

第2節
復職支援における認知行動療法の実践と有効性

渡邊明寿香・伊藤大輔

1．はじめに

　わが国の産業・労働領域において，認知行動療法が積極的に活用され，最も定着している分野の一つが復職支援です。そのため，本章では，復職支援における認知行動療法に焦点を当て，筆者らが行ってきたリワークプログラムの取

り組みを紹介しながら，復職や職場定着のための実践やそのポイントについて解説します。

2．リワークプログラムにおける認知行動療法の現状と課題

　近年，就労者のメンタルヘルス不調の問題が増加していることが指摘されています。特に，メンタルヘルス不調による休職者に対する対応が急務となっており，休職した就労者を対象としたリワークプログラムが日本全国で盛んに行われるようになっています。リワークプログラムとは，休職している就労者が職場復帰や再就職を目的に行うプログラムのことであり，主に医療機関や障害者職業センター，企業内，EAP（Employee Assistance Program）等で行われてきました。そして，リワークプログラムにおいて，認知行動療法はその中核を担う技法として位置づけられ，活用されています。その理由の一つとして，休職者はうつ病をはじめとした気分障害圏の病態にあることが多く，認知行動療法はうつ症状に対する効果が頑健に示されていることが挙げられます（佐藤・丹野，2012）。例えば，うつ病患者を対象に行った集団認知行動療法は，抑うつ症状や心理社会的機能の改善に有効であり，その効果は1年以上持続したことが示されています（松永ら，2012）。また，薬物療法を継続した群と比較して，認知療法や問題解決療法を基盤とした集団認知行動療法を併用した群の方が，より高いうつ症状の改善効果がみられたことが報告されています（伊藤ら，2012）。

　このようにメンタルヘルスに対して効果が実証されている認知行動療法は，休職者の復職を支援するための方法の一つとして成果を上げてきました。しかし，近年では，うつ病に対する認知行動療法を行い，休職者のメンタルヘルスを改善させるだけでは，復職支援として不十分であることが指摘されるようになっています。なぜなら，うつ症状が改善し，その後に復職したとしても，再発や再休職に至る事例が多いことが問題視されているためです。このことから，現在の復職支援のニーズは，「職場復帰」から「職場定着」に移行していると言えるでしょう。したがって，「復職できること」と「職場に定着できること」は，異なる状態像であることを認識し，職場復帰後の職場適応を視野に入れた支援を行うことが求められるようになっています。

　実際に，復職後に再発や再休職に至る要因の一つとして，休養やリワークプ

ログラムを受けている自宅療養中の生活と，復職後の職業生活では，大きな隔たりがあることが指摘されています（秋山ら，2007）。例えば，自宅療養中の生活では，生活リズムを整えることや，家族とのコミュニケーションや余暇活動が中心になりますが，復職後には上司や取引先とのやりとり，業務ストレスが加わることになります。そのため，リワークプログラムでは，復職後の生活を具体的に想定し，どのような困りごとが生じうるか想定した上で，休職中に対応策を検討しておくことが必要であると考えられます。しかしながら，先述したこれまでのリワークプログラムにおける集団認知行動療法では，職場で生じる問題を十分に扱えていない可能性がありました（渡邊ら，2019）。

　この点に関して，田上ら（2012a）は，効果的な復職支援のために，段階的なアウトカムの設定を推奨しており，「休職中」のうつ症状や社会機能の改善のみならず，「職場復帰後」に想定される困難感の改善を視野に入れた支援の必要性を指摘しています。つまり，復職支援において，①職場で必要な体力面，②職場復帰後の対人面，③職務に必要な認知機能面の 3 つの職場復帰の困難感に着目したアセスメントやその支援が必要であると主張しています。しかし，認知療法と問題解決療法を用いた従来のうつ病に対する認知行動療法では，うつ症状や社会機能を改善させることはできますが，職場復帰の困難感を改善することはできなかったことが示されました（田上ら，2012b）。そのため，休職者のメンタルヘルスの改善のみならず，職場の問題を積極的に扱い，職場復帰後の職場適応を促すための支援が求められていると言えます。

3．職場に焦点化した集団認知行動療法プログラムの実践と効果

　そこで，筆者らは，職場復帰や定着を目的とした職場の問題に焦点化した新たな集団認知行動療法プログラムを開発し，職場復帰の困難感や復職後の適応に及ぼす影響について検証しました（渡邊ら，2019；渡邊ら，2021）。そのプログラムの内容や効果について紹介します。

1）集団認知行動療法プログラムの概要

　このプログラムは，主にうつ症状で休職されている方を対象に，民間の精神科クリニックで行われました。週に 1 回 150 分の全 8 セッションから構成され，1 グループ 3 ～ 5 名程度のクローズドグループとしました。なお，重度の

自殺念慮やパーソナリティーの問題がみられる場合は，除外基準としましたが，併存疾患などは含めて対象としています。

　従来のプログラムと異なる点は，生活リズムの改善やストレス対処能力の向上に加え，職場に復帰する際に感じる困難感や，復職後の問題への対処について重点的に扱ったことです。例えば，職場復職後に想定される問題を明確化し，その問題に対して認知行動的スキルを活用することや，職場復帰を阻害する不安やそれに伴う回避行動に関する心理教育とエクスポージャーの実践を行いました。また，参加者の価値に基づいて，再発予防や職場定着に向けた新たな生活や働き方を再構築していきました（詳細は，下記および図 3-2 を参照）。

2）集団認知行動療法プログラムの内容と実践上のポイント
1回目：認知行動療法の概要を理解し，動機づけを高める

　まず，支援者と参加者，参加者同士の関係性を構築したり，集団機能を活か

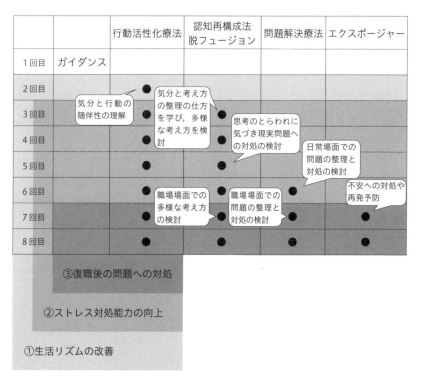

図 3-2　集団認知行動療法プログラムにおける諸技法と段階的目標

すための心理教育を行います。集団機能とは，同じ悩みを持つプログラム参加者と互いに支え合える「サポート機能」，参加者のコメントや考えから学べる「教育機能」，良い面を見つけ合うことで自信がもてるようになる「強化機能」の3つです（松永・岡本，2006）。集団認知行動療法では，参加者同士の情報共有やディスカッションも多く行うため，あらかじめグループの機能を共有しておくことで，円滑にプログラムを進めることができます。また，集団認知行動療法の狙いや見通しについても丁寧に説明します。特に，昨今，認知行動療法に対する期待の高さから，「認知行動療法を受けることで自然と回復していくことができる」という認識を持たれている方も少なくありません。そのため，調子の波がありながら回復していくことが通常の回復過程であることを説明したり，プログラム外の日常生活で認知行動的スキルを積極的に活用することが極めて重要であることを伝えます。

2回目：行動活性化療法を用いて，生活リズムを整える

　生活リズムを整えるために，活動記録表を用いたセルフモニタリングを行い，対策を立てていきます。認知行動療法において，セルフモニタリングは継続的に行うことが推奨されますが，例えば，「生活リズムが整っていない」といった漠然とした問題の捉え方ではなく，「何がどのように問題となっているのか」を具体的に捉えることが可能となり，結果的に対策や工夫が案出しやすくなります。また，活動記録表では，行動活性化療法（Jacobson et al., 1996）の原理について心理教育しながら，主に行動と気分のつながりを振り返り，随伴性知覚の回復を狙います。具体的には，気分の落ち込みや不安に行動が左右される「症状ありきの生活」から抜け出すために，気分状態が悪い時でも「できそうな」行動をスモールステップで検討し，行動に移すことで，結果的に気分が変化することを体験してもらいます。つまり，平板化した生活を「気分」の問題として捉えるのではなく，「行動計画」の問題であることを共有し，気分から行動ではなく，行動から気分が変化することを体験してもらいます。

3・4・5回目：認知再構成法および脱フュージョンを用いて，ストレス状況に対処する

　休職中や復職後の生活におけるストレス状況に対応するために，「認知」に対

するアプローチを行います。まず，認知モデルについて心理教育しながら，実際に体験したストレス状況を題材として，コラム表（Beck, 1976）の記入を行います。コラム表を用いて，ストレス状況やそれに伴う変化を外在化することは，ストレス状況ではなく，認知によって気分が影響を受けていることに気づくことを促します。この気づきが得られることで，認知に着目することの有用性が理解できるようになり，その後のストレス状況をさまざまな角度から捉えなおすことやその実践の動機づけを高めることができます。また，実際のプログラムでは，集団機能を活かして，積極的にグループディスカッションを行うことで，同じストレス状況であっても，さまざまな捉え方ができることに気づき，柔軟で多様な考え方を身につけることにつながります。

　しかし，思考内容を変えて気分を改善するということだけを目的にしてしまうと，結果的に好ましくない状況をもたらしてしまう場合もあるため留意する必要があります。例えば，「私は会社の同僚から良く思われていないし，復職しても歓迎されないだろう」という考えが浮かび，抑うつや不安感が増している状況があったとします。ここで，ネガティブな気分につながる考え方と異なる考えを案出して，一時的に気分が改善したとしても，本人の同僚に対する態度に何らかの問題があり，「会社の同僚から良く思われてない」というクライエントの考えが事実である可能性も否定できません。したがって，重要なのは，思考内容がネガティブかポジティブかということではなく，それがどの程度，現実を反映していて，クライエントにとってどのような影響があるかということです。つまり，先述したように，たとえ思考内容がポジティブであったとしても，現実場面で悪影響を及ぼす可能性がある場合は，自分の振る舞いを変えるなどの実際の現実を変えていくためのアプローチが必要になります。

　このことから，自分の思考にとらわれず，現実を客観的に見るという態度を養うことが必要ですが，ある思考が生じると，それが事実であるかどうかに関わらず，その考えに影響された気分が生じるように，私たちには思考と現実を混同する特性（認知的フュージョン）があります。そのため，「現実を客観的に見る」ように伝えたとしてもすぐには難しいため，その特性について心理教育しながら，思考と現実を区別する方法（脱フュージョン：Hayes et al., 2012）を実践していきます。さらに，復職後に職場ストレッサーに曝されると，以前の休職と結びついたネガティブ思考が再活性化することが知られており（田上

ら，2012a），休職中にはみられなかった職場関連のネガティブな思考が，復職後に生じるようになります。しかし，そのような思考が生じたとしても，それが必ずしも現実を反映しているわけではないことに気づくことができれば，その思考に巻き込まれずに距離を取ることで，気分の悪化を防ぎ，現実に即した対処を選択できる可能性が高まります。このように思考の内容ではなく，思考の機能を変化させるための方法とそれが有用である理由を伝えて訓練しておくことは，復職や職場定着に役立つことになります。

6, 7, 8 回目：問題解決療法などを用いて，職場復帰後の課題に対する対処法を考える

　復職後の課題を明確化し，その対処法を検討するために，問題解決療法（Nezu et al., 1989）の枠組みを用いて検討します。まずは，休職中の日常生活場面の問題を扱いますが，その後は，休職要因を振り返りながら，職場で生じると想定される問題を題材として用います。ここで留意すべきは，どのように対処することが望ましいかという一般論ではなく，文脈に応じた対処法を検討することです。例えば，「Aという問題に対して，BやCという対処法がある」というように，対処法を立案すること自体は問題がなくても，職場の環境や人間関係，クライエント自身の問題によって，職場でそれを実行することは難しいと述べるクライエントは少なくありません。したがって，支援者は，職場の問題に対して，一般的に望ましいと思われる対処法を単に案出することを促すのではなく，クライエントの職場復帰後の生活や，復職先の職場における実行可能性と有用性を踏み込んで評価し，困難な場合は，実行するための工夫点を一緒に考えるように促す必要があります。

　そして，一般的に，職場復帰が近づくことで，職場に戻ることに対するさまざまな不安や回避行動が強まることも多く，体調が不安定になることもあります。そのため，復職に関連する不安のマネジメントに関する心理教育を行いながら，これらの反応をノーマライズしていきます。そして，エクスポージャーの原理を説明しながら，不安に馴れていくことや，不安を喚起させる刺激に直面化することによって得られる「予測と現実とのギャップ」を体験することの有用性について伝えます。さらに，復職や自分の生活の価値を明確化しておくことによって，一時的な不安や恐怖に基づいて行動を選択するのではなく，長

期的な結果を見据えて行動選択できるように促します。

　最後に，再発予防に向けて，どのようなスタンスを持つことで働き続けることができるかについて話し合います。例えば，職場復帰すると，通常業務をこなしている同僚と自分を比較してしまい，焦燥感や不安感が生じることで，オーバーワークになってしまうクライエントも少なくありません。したがって，復職してしばらくの間は，「調子が良い時も7〜8割程度」を心がけることや，それはクライエント自身だけではなく，長期的に見れば，勤務先や同僚のためでもあることを認識するように伝えます。また，クライエントの多くは，「休職前の自分に戻ること」が重要であると考えていますが，それは休職に至ってしまった自分の働き方に戻ることを意味している可能性があります。そのため，休職前の自分に戻るというよりは，復職や生活の価値に沿った新しい仕事の進め方や対人関係のあり方を試行錯誤しながら，再構築していくことが重要であることを共有します。このように，ある特定の場面で生じる問題に対する対処法だけではなく，働き方のスタンスや生活の価値観について検討しておくことが，新しい働き方を形成し，維持させていくことに役立ちます。

3）集団認知行動療法プログラムにおける職場復帰の困難感の扱い方

　2）では，職場に焦点化した集団認知行動療法のプログラム内容やその実践上のポイントについて解説しました。ここで改めて，前述した3つの職場復帰の困難感の観点から，プログラムを振り返ります。

　プログラムでは，全体を通して，職場復帰の困難感に着目し，職場復帰に必要な体力や認知機能の回復，職場での人間関係に対処するためのスキル獲得を目指しました。特に，3つの困難感のうち，職場復帰後の「対人面」の困難は，集団認知行動療法の中でも扱いやすいものと言えます。例えば，問題解決療法における職場復帰後に想定される課題として，『苦手意識のある上司に対して，自分の状態をどのように説明すればよいか』『同僚が休まずに業務に取り組んでいる中で，自分はどのように休憩を取ればよいか』といったような課題がクライエントから自発的に挙げられることも多くあります。

　それに対して，職場復帰後の「体力」や「認知面」の困難については，認知行動療法のプログラム内で扱い，改善させていくことが比較的難しいものです。そのため，支援者は，これらの困難感に対して継続的に取り組むことの必要性

を伝え，初回セッションから，ホームワークとしてプログラム外の時間を用いて，運動や読書，PC 作業といった取り組みを推奨します。そして，これらの活動を毎回の活動記録表を用いて把握するとともに，行動分析や問題解決療法の枠組みを用いて，継続のための工夫点について話し合うことが有用です。

　なお，これらのプログラムは，うつ症状を主訴とした休職者に対し，効果検証が行われており（渡邊ら，2019），抑うつや不安症状，社会機能のみならず，先行研究において課題であった職場復帰の困難感の改善効果が示されています。また，それらの効果は，復職約 4 カ月後も維持され（渡邊ら，2021），復職率や復職継続率も比較的良好であったことが示されています。このことから，上述した職場の問題に焦点化した集団認知行動療法プログラムは，職場復帰の困難感を改善することで，復職することだけでなく，症状の再発や再休職の防止にも有効である可能性があると言えます。

4．事　例

　※本事例は，筆者らがこれまでの経験を踏まえて作成した架空事例です。
　Aさん　うつ病（今回が 1 度目の休職）　20 代　女性
　【集団認知行動療法開始時の尺度の得点】
　・Beck Depression Inventory（うつ症状）：25 点（中等度）
　【事例の概要とポイント】
　Aさんは大学卒業後，大手企業に就職しました。順調に仕事をこなしていましたが，入社 3 年目になり，責任のある仕事を任されるようになったことや，後輩と上司の間で板挟みになるなどの人間関係のやりづらさから，次第に出勤することが辛くなりました。もともと責任感が強く真面目な性格だったこともあり，うまく仕事をこなせない自分を責め，ますますふさぎ込んでしまい，休日も家にひきこもり，欠勤することも増えていきました。そして，心配した両親から精神科の受診を勧められ，来院に至りました。

　まずは，薬物療法と自宅休養を中心とした治療が行われ，症状の改善が図られた後，主治医から集団認知行動療法プログラムの紹介を受け，本プログラムに参加されました。活動記録表では，初めは「趣味もないし，やりたいことも何も思い浮かばない」と話していましたが，グループメンバーの活動を参考に，家事や散歩を取り入れ，「億劫でも，一度外に出てしまえば気分が少し楽にな

る」ことに気づいたそうです。また，認知再構成法では，繰り返し取り組んでいくことでさまざまな見方があることを知り，「仕事でいつも自分ばかり悪いと考えていたけど，必ずしも私だけが悪いわけじゃないし，時にはミスしても仕方ないかも」と考えるようになりました。問題解決療法では，以前職場で体験したことや，今後生じそうな問題（例えば，無理な仕事をお願いされた際にどのように断るか）が生じた際の対処法について，ディスカッションを通して検討しました。そして，プログラム開始から2カ月後，復職しました。復職後のアンケートでは，スモールステップで休憩を入れながら仕事に取り組むことや，自分の考えを整理したり，リラックスするための時間を意識的に取り入れることで，就労を継続できていることが回答されました。

　本事例のように，グループメンバーの活動や考え方を知ることで，クライエント自身の視野が広がっていくことは，集団で実施する強みであると考えられます。また，職場で生じる問題を題材に新しい考え方や対処を検討することによって，職場復帰の困難感の改善が図られました。

5．復職における集団認知行動療法プログラムの実践のポイント

　ここまでミクロ的な観点から，集団認知行動療法において扱う内容やその事例について紹介してきました。最後に，復職支援において集団認知行動療法を実践するためのポイントについて，マクロ的な視点から解説します。

1）集団認知行動療法を実践する際の留意点と工夫

　わが国で行われている認知行動療法プログラムには，集団を対象として実施されているものが多くあります（松永ら，2012；伊藤ら，2012；田上ら，2012b；渡邊ら，2019）。集団をベースに実施される心理療法の利点には，効率性や費用対効果の面で優れているというほかにも，同じ悩みを持つ参加者同士の支え合いや（秋山ら，2007），参加者同士のやり取りを通して職場での対人関係上の問題を理解し，修正できるといった（松永・土屋，2020），集団で実施するからこそ得られる効果が期待できることが挙げられます。したがって，プログラム実施者には，このような集団機能を念頭に置きながら，その利点を十分に活かせるように進めていくことが求められます。

　一方で，各参加者個人のケースフォーミュレーションを丁寧に行うことが，

集団認知行動療法を展開する上で留意すべきポイントです。効果的な支援には，適切なアセスメントが重要ですが（鈴木・神村，2005），集団でプログラムを実施する場合，構造化された内容に沿って，共通テキストを用いて一斉に進行させていくことも多いため，プログラムの進行自体に注意が払われてしまい，個人のケースフォーミュレーションがおろそかになってしまう可能性があります。しかしながら，クライエントが抱える問題をアセスメントし，それぞれの状態像や悪循環を理解した上で，認知行動療法の諸技法を適用していくことが重要であることは，集団ベースの心理療法でも変わりありません。また，個別に状態像やプログラムを通じた変化を把握しておくことは，職場復帰の可否を適切に評価することにもつながります。したがって，支援者は，クライエントの個別のアセスメントを丁寧に行い，そのクライエントに合った問いかけや助言を行っていく必要があります。そのためには，集団プログラムの実施前に個人面接を行い，基本的な情報を収集しておくことが有用です。また，支援者は，事前面接や各セッションから得られる情報に基づいて，個人の目標や関わりの工夫点を整理した上で，毎回のセッションに臨む必要があります。

　そして，このような特定の個人に特化した関わりや助言を行うことは，時に同一プログラム内で背反するメッセージを伝えることになり，参加者に誤解や混乱を生じさせてしまうリスクが出てきます。したがって，プログラム参加者に対しては，集団機能を強調しつつも，職場復帰や定着に向けてどのような手続きが有効であるかは，職場環境や個人の状態などの文脈によって変化するため，個別性を重視していくことをあらかじめ伝えておくことが有用です。特に，地方では，リワークプログラムを提供する施設や機関が限られているため，対象者を限定することが難しいという現実的な問題があります。そのため，先述したプログラムのように，うつ病のみならず，不安症，発達障害などの特徴を有するさまざまな状態像を示す参加者を含んだ集団に対応する必要性が生じる場合もありますが，これらの考え方を参加者と共有しておくことで，個々人に効果的な支援を提供するための基盤を作ることが可能になります。

2）職場定着に向けた集団認知行動療法のポイント

　現在の復職に対するニーズが「職場復帰」から「職場定着」に移行していることを踏まえると，復職定着に向けた集団認知行動療法のポイントの一つは，

クライエントのセルフコントロール能力を向上させることです。特に，復職支援においては，プログラム中に受けていた他の参加者や支援者からのサポートは，プログラム終了・復職後には得られにくくなると考えられるため，セルフコントロール能力の獲得が一層求められることになります。そのため，支援者は，プログラムの実施中に，クライエントを治療者に育てるという認識をもちながら，クライエントと関わる必要があります。例えば，プログラムの初期段階であれば，支援者がクライエントに対して，特定の状況に対する具体的なアドバイスを行うこともありますが，徐々にクライエント自身が問題を明確化した上で，対処法を実行し，それらを振り返ることができるように，クライエントに対する関わりを変化させていきます。特に，復職支援においては，先述したように休職中に復職後の問題を想定して対応策を検討しておくことを推奨しますが，当然のことながら想定していなかった問題が復職後に生じることは少なくありません。そのため，プログラムで認知行動療法の諸技法について説明する際には，その原理や枠組みも繰り返し伝えることで，復職後に想定外の問題が生じたとしても，プログラムで学んだ認知行動療法のスキルを活用して問題解決ができることを目指します。また，プログラム内で実施した心理教育や技法をクライエントがどのように理解し，自身の日常生活に取り入れているかについて話し合うなど，そのツールを活用するプロセスを共有しておくことが役立ちます。

　このようにクライエントのセルフコントロール力を高めることを念頭に関わることによって，支援機会が減少してしまう復職後においても，職場定着を促すことにつながります。筆者らの行った研究においても，プログラム実施中に認知行動的スキルを身につけることよりも，プログラム終了後も認知行動的スキルを活用し，向上させていくことが職場適応に有効であることが示唆されています（渡邊ら，2021）。そのため，クライエントに対しては，復職後に職場でこれらのスキルを実践していくことが極めて重要であることを伝え，動機づけを高めておくことが必要になります。

6．おわりに

　本章では，復職支援における集団認知行動療法おいて，主にクライエントに対するアプローチに関する実践上のポイントを中心に解説してきました。ただ

し，適応とは，環境と個人の相互作用に依存することを考慮すれば，復職や職場定着の支援には，職場環境に対するアプローチも必要になります。そのため，支援者には，就労に関する規則や制度の知識はもちろんのこと，コミュニティ心理学や社会心理学といった臨床心理学以外の専門性も高め，復職支援に適用させていくことが求められます。また，休職者を受け入れる職場にも，休職者を受け入れる際の戸惑い（労働政策研究・研修機構，2012）があることが示されるなど，いくつかの課題が明らかにされており，職場に対する効果的なアプローチ方法を確立していく必要があります。また，受け入れる職場と復職者の双方の事情や利益を考慮した上で，連携のあり方を探っていく必要がありますが，現時点では，両者をつなぐ支援や効果的な連携に関するエビデンスは不十分なままです。したがって，今後は，リワークプログラムを受けてから，復職し，職場環境に適応・定着していくプロセスを効果的に支援するための情報共有や連携について明らかにするために，休職者のみならず，職場環境に対するアプローチを視野に入れたエビデンスの蓄積が求められます。

引用文献

秋山剛・岡崎渉・田島美幸（2007）．総合病院精神科における取り組み．精神科，11(6): 454-459.

Beck, A. T. (1976). *Cognitive therapy and the emotional disorders.*International Universities Press. （大野裕訳（1990）認知療法—精神療法の新しい発展．岩崎学術出版社．）

Hayes, S. C., Strosahl, K. D., & Wilson, K. G.(2012). *Acceptance and Commitment Therapy: The Process and Practice of Mindfulness Change*(2nd ed). Guilford Press. （武藤崇・三田村仰・大月友（監訳）（2014）アクセプタンス＆コミットメント・セラピー（ACT）第2版．星和書店．）

伊藤大輔・兼子唯・巣山晴菜・金谷順弘・田上明日香・小関俊祐・貝谷久宣・熊野宏昭・鈴木伸一（2012）．心理士による集団認知行動療法がうつ病患者のうつ症状の改善に及ぼす効果：対照比較研究．行動療法研究，38(3): 169-179.

Jacobson, N. S., Dobson, K. S., Truax, P. A., Addis, M. E., Koerner, K., Gollan, J. K., Gortner, E., & Prince, S. E.(1996). A component analysis of cognitive-behavioral treatment for depression. *Journal of Consulting and Clinical Psychology*, 64(2): 295-304.

Nezu, A. M. Nezu, C. M., & Perri, M.G.(1989). Problem-solving therapy for depression. : Wiley. （高山巌（監訳）（1993）うつ病の問題解決療法．岩崎学術出版社．）

松永美希・岡本泰昌（2006）．うつ病の集団認知行動療法．医学のあゆみ，219(13): 1114-

職業リハビリテーションにおける認知行動療法の実践

1119.

松永美希・鈴木伸一・岡本泰昌・吉村晋平・国里愛彦・神人蘭・吉野敦雄・西山佳子・山脇
　　成人（2012）．心理士が中心に実施したうつ病の集団認知行動療法—大学病院における
　　取組から．行動療法研究，38(3): 181-191.

松永美希・土屋政雄（2020）．産業・労働分野への認知行動療法の適用と課題．認知行動療
　　法研究，46(2): 133-142

労働政策研究・研修機構（2012）．職場におけるメンタルヘルス対策に関する調査．

佐藤寛・丹野義彦（2012）．日本における心理士によるうつ病に対する認知行動療法の系統
　　的レビュー．行動療法研究，38(3): 157-167.

鈴木伸一・神村栄一著，坂野雄二監修（2005）．実践家のための認知行動療法テクニックガ
　　イド：行動変容と認知変容のためのキーポイント．北大路書房．

田上明日香・伊藤大輔・清水馨・大野真由子・白井麻理・嶋田洋徳・鈴木伸一（2012a）．う
　　つ病休職者の職場復帰の困難感と社会機能およびうつ症状との関連—職場復帰の困難感
　　尺度の作成．行動療法研究，38(1): 11-22.

田上明日香・伊藤大輔・清水馨・大野真由子・白井麻理・嶋田洋徳・鈴木伸一（2012b）．う
　　つ病休職者に対する心理職による集団認知行動療法の効果—うつ症状，社会機能，職場
　　復帰の困難感の視点から．行動療法研究，38(3): 193-202.

渡邊明寿香・仲座舞姫・石原綾子・山本和儀・伊藤大輔（2019）．うつ症状を主訴とした休
　　職者に対する職場の問題に焦点化した集団認知行動療法の効果—職場復帰困難感に着目
　　して．認知行動療法研究，45(3): 137-147.

渡邊明寿香・伊藤大輔・仲座舞姫・石原綾子・山本和儀（2021）．職場の問題に焦点化した
　　集団認知行動療法の復職後の効果—復職後の抑うつ症状に関連する認知行動的要因の検
　　討．認知療法研究，14(2): 195-204.

コラム

産業領域における認知行動療法のトレーニング

松永美希

1．予防の取り組みとしての認知行動療法

　産業領域では，精神障害や発達障害を持った人だけを対象にしているのではなく，メンタルヘルスの不調を未然に防いだり，早期に発見・介入するといった一次・二次予防の取り組みが重要です。そのような取り組みを行うにあたり，職場ストレスが心身の健康にどのように影響するのかということを理解しておく必要があります。

　例えば，心理学的ストレスモデル（Folkman & Lazarus, 1988）は，ストレッサー（環境や刺激）を個人がどのように評価（認知的評価）し，どのように対処するかが，適応・不適応の個人差を説明するというモデルです。またNIOSH ストレスモデルでは，仕事上のストレスには，仕事量や質，コントロール度といったものが含まれ，また仕事以外のストレスや個人要因，緩衝要因といった複数の要因が修飾することで，ストレス反応に至ることが説明されています（厚生労働省, 2020）。このような代表的なストレスモデルに基づくと，働く人のメンタルヘルスには，職場環境や仕事のストレスを改善するだけではなく，個人の対処能力やソーシャルサポートを高める取り組みを行っていくことが必要になります。このような取り組みは，ストレスマネジメントやセルフケア研修と呼ばれており，事業所では集団形式で実施されることが多いです。職場のストレス低減として，認知行動療法に基づいた介入は他の介入よりも抑うつや不安の低減効果が高いことが示されています（Hogg et al, 2021 など）。

　またストレスマネジメントでは，リラクセーション法や問題解決療法など，認知行動療法の諸技法をストレス・コーピングとして紹介していきます。最近ではマインドフルネスやアクセプタンス・コミットメントセラピーといった第三世代の認知行動療法を用いた一次予防も実践されつつあります。ですので，それらの技法をしっかりと習得して，働く人たちにわかりやすく紹介すること

が重要です。

　セルフケアの研修会を行うと，なかにはメンタルヘルスに無関心だったり，自分にはストレスなんて関係ないと思って参加している人もいます。そのような人たちにも関心を持ってもらい，新しい対処行動（コーピング）や習慣を身につけてもらうのにも「認知行動療法」の視点が役に立ちます。だれしもが新しい行動を身につけたり，それまで続いていた習慣を変えることは難しいことです。新しい行動を上手に身につけられるように，手順をわかりやすく説明したり，スモールステップで学べる工夫をしたり，すぐに効果を実感できるようなコーピングを提案したりするとよいと思います。そして，楽しく，わかりやすい研修は，同様の研修があった際にまた参加しようと思えたり，同じ部署の同僚や部下にも研修の参加を勧めようと思ってくれたりしますので，研修ではユーモアを交えたり，グループワークなど楽しくアクティブな内容を実施したりしましょう。

2．メンタルヘルス不調の人に対する認知行動療法

　産業領域における心理面接は，短期決戦であることが多いです。仕事上の悩みや人間関係の問題など，個別の面談を希望される理由はさまざまですが，何カ月もつづけて面接を行う場合よりも，4〜5回で終結に至ったり，他所にリファーすることが多いと思います。またEAPのサービスによっては，社員が年間で利用できる面接の回数の上限が決められている場合もあります。

　したがって，個別面接では，いま現在の困りごとに焦点をあてて，その問題を解決するというCBTの諸技法が有効です。なかでも問題解決療法は，「問題の明確化」「目標の設定」「解決策の案出」「解決策の決定・実行」「結果の振り返り」といったプロセスに沿って実施することで，対象者にとっても自分の問題が明確になり，主体的な問題解決が可能となります。また自分で問題を解決することで，自己効力感が高まることも期待できます。

　また個別での面接場面では，上司や保健師などから勧められたはいいが，あまり乗り気ではない社員が面談に現れることもあります。その際は，まずは面談に来たことを労い，面談を受けることにどんな感情をもっているのかということを聞き出せるとよいと思います。動機づけ面接における「開かれた質問」「是認」「聞き返し」「要約」といった方法を学習しておくと，今後どのようにな

りたいのかという方向性や，行動変容のきっかけ，具体的な目標などを話し合っていくこともできるでしょう。

3．復職支援としての認知行動療法

　産業領域において，もっとも対応が難しいと感じるのは，休職・復職の問題です。うつ病をはじめとした気分障害は再燃・再発率が高いという疾患の特徴に加えて，企業側と治療者側（医療）の連携の困難さという課題があります（井上，2013）。日本産業労働衛生学会関東地方会「科学的根拠に基づく『産業保健における復職ガイダンス2017』」によると，"メンタルヘルス不調"による休職者には，通常の面談やリハビリテーションに加えて，認知行動療法に基づくリワークプログラムが有効であることを示しています（日本産業労働衛生学会関東地方会，2017）。したがって，リワークプログラムの情報を提供し，医療機関と連携しながら，段階的に復職準備性を確認することが推奨されています。リワークプログラムにおける認知行動療法では，生活リズムの改善や復職に向けたアクションの促進を目的とした行動活性化，気分に影響する否定的認知を見直すための認知再構成法，職場での困難場面とその解決策を身につけることを目的とした問題解決療法などで構成されています。

　リワークプログラムにおける認知行動療法は集団形式で実施されることが多く，参加者同士で休職中の不安感や焦りなどを共有し，他の参加者の考え方や対処法を学びあうことができます。また集団という場は社会の縮図のようなものであるので，他者の言動の捉え方などを洞察することで，職場での対人関係上の課題を理解し，その対処法を考えてもらう機会にもなります。

　このような集団形式の認知行動療法を円滑に進めるためには，認知行動療法の原則である共同経験主義を誘導による発見およびソクラテス的質問によって具体化すること，グループプロセスに対して常に注意して参加者同士の関係性を観察すること，オープンであることを励ますこと，参加者同士の支持的で治療的なフィードバックを励ますこと，グループのアジェンダ進行に責任を持つこと，温かさや共感を示したり方向づけたりしながらグループの凝集性や学習を高めるなど，多様な臨床スキルが治療者には求められます（中島ら，2021）。筆者たちはこれらの集団認知行動療法の臨床スキルを評価する尺度（集団認知行動療法治療者評価尺度）を作成し，身につけるべきスキルの指針や行動リス

トを明らかにしています（中島ら，2021）。心理士は，そのような評価尺度を用いることによって，トレーニングを進めることが可能です。

4．組織を支えるための認知行動療法

　産業領域の大きな特徴は，メンタルヘルス不調となった人だけを対象とするのではなく，その上司や部署，人事労務など対象者を取り巻く人たちにもアプローチをしていくことです。そして，その目標は，単にメンタルヘルスの不調を治すことではなく，対象者とその周辺の人たちが，健康でいきいきと働けるようにすることです。

　認知行動療法による問題理解は，メンタルヘルス不調者自身と問題を共有する場だけでなく，その人を取り巻く人々とのコンサルテーションの場においても役立ちます。認知行動療法が専門でない人にも，起こっている問題をわかりやすく伝え，職場でのサポートを引き出すためには，機能分析やオペラント技法などの行動変容のスキルを身につけておくことも重要になるでしょう。

引用文献

Folkman, S., & Lazarus, R. S. (1988). Coping as a mediator of emotion. *Journal of personality and social psychology*, 54(3): 466-475.

Hogg, B., Medina, J. C., Gardoki-Souto, I., Serbanescu, I., Moreno-Alcazar, A., Cerga-Pashoja, A., Coppens, E., Toth, M. D., Fanaj, N., Greiner, B. A., Holland, C., Kolves, K., Maxwell, M., Qirjako, G., de Winter, L., Hegerl, U., Perez-Sola, V., Arensman, E., & Amann, B. L.(2021). Workplace interventions to reduce depression and anxiety in small and medium-sized enterprises: A systematic review. *Journal of affective disorders*, 290: 378-386.

井上裕美（2013）．復職支援プログラムにおける認知行動療法―第三世代の認知行動療法に着目して．同志社政策科学研究，15(1): 141-150.

厚生労働省・労働者健康安全機構（2019）．こころの健康　気づきのヒント集. Retrieved from https://www.mhlw.go.jp/content/000561002.pdf（2021年7月21日閲覧）

中島美鈴・藤澤大介・松永美希・大谷真（2021）．もう一歩上を目指す人のための集団認知行動療法治療者マニュアル．金剛出版.

日本産業衛生学会関東地方会 産業保健における復職ガイダンス策定委員会作成（2017）．科学的根拠に基づく「産業保健における復職ガイダンス2017」．Retrieved from http://jsohkant. umin. jp/misc/3HP/guidance. pdf#view=FitV（2021年11月13日閲覧）

職業リハビリテーションにおける
認知行動療法の実践

医療領域

金澤潤一郎／千田若菜

第1節
ADHD のある方への実践を通じて

金澤潤一郎

　筆者は大学付属センターで一般の方向けにカウンセリングを実践していま
す。専門は大人の発達障がいへの認知行動療法で，精神科の病院やクリニック
から紹介されてきた方や，大人の発達障がいのカウンセリングをしている施設
を探して来所する方に認知行動療法を実践しています。そのため，必然的に就
労について取り扱うことになっています。本節では，主に医療の中でADHD
の方への認知行動療法の実践について論じます。

1．成人の ADHD における認知行動療法に有用なモデルや理論

1）成人の ADHD の認知行動モデル

　認知行動療法は疾患特有の問題や症状の維持モデルが実証されています。そ
の中で成人の ADHD に特化した認知行動モデル（Safren et al., 2004；図 4-1）
も考案されています。成人の ADHD の認知行動モデルでは，神経生物学的な
ADHD 主症状が直接的に機能障害（日常生活の支障度）に悪影響を及ぼすので
はなく，さまざまな行動的対処法である補償方略を有効に活用できないために
機能障害が起きるという経路が一つあります。もう一方の経路では，ADHD 主

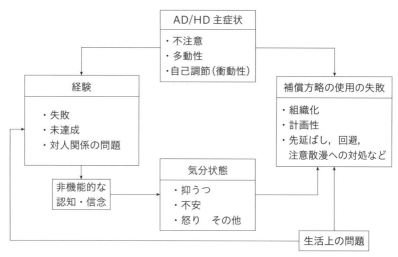

図 4-1　成人期の ADHD の認知行動モデル（Safren et al., 2004）

　症状によって幼少期から失敗経験を繰り返すために非機能的な認知・信念を抱えやすくなり，その結果として抑うつ，不安，怒りなどのネガティブな気分状態に陥りやすくなります。ADHD症状と悪化した気分状態によって補償方略をうまく活用できなった結果として機能障害につながると説明されています。そして２つの経路が相まって一旦機能障害が起きると，それ自体が失敗経験となって悪循環が形成されるというモデルです。したがって，Safren et al.（2004）では，ADHD 主症状は薬物療法で抑制しながら，心理療法では個人に適した補償方略を身につけて習慣化すること，あるいは非機能的な認知や信念を柔軟にすることによる気分変動の改善を通じて機能障害の緩和を図ります。この認知行動モデルは心理教育でクライエントに図示することで，精神療法における治療目標を共有する上でも有用です。

２）問題解決療法

　問題解決療法は広義の認知行動療法の一技法です。成人のADHD患者には問題解決能力の低さによって生活上の困難を抱える者が多いことが特徴です。ここでの問題解決とは，実際に抱える問題が解消されることよりも，「日常生活上の問題に対して適応的，効果的な解決方法を探索し，実行するという認知行動的なプロセス」のことを指します（金井，2005）。

　問題解決療法は，（1）問題を明らかにする段階，（2）ブレインストーミングを用いて多くの解決方法を考える段階，（3）挙げられた多くの解決法のそれぞれの長所と短所を書き出して，最も問題の解消に合致しそうな選択肢を選ぶ段階，（4）選択した解決法を実行して，その効果を検証する段階の4つの段階から構成されます。この中でもブレインストーミングをホームワークも活用しながら入念に練習することが思考の柔軟性を育むことにもつながります。ブレインストーミングの練習としては，「ティッシュ箱を何箱でも使用してよいので，現実的か非現実的かに関わらず使用方法をできるだけ多く挙げる」や，絵が好きなクライエントや質的に選択肢の幅が広がりにくいクライエントには「3分間でマークやイラストをできるだけ多く書いてもらい個数を数える。その後，個数は気にせずに質的に異なるマークやイラストを3分間書いてもらう」というワークも有用です。

　臨床の初期には身近な生活上の問題を用いて（例えば，レンタルDVDの返却が遅れてしまう）問題解決のプロセスを数回体験してもらい，問題解決の4つの段階を学びます。その上で，問題解決の段階が習慣化してきた中期以降に主要な問題点について取り扱うことで失敗経験を減らすこともできますし，結果として上手くいく，あるいは上手くいかないということにとらわれることなく問題解決の段階やプロセスに沿ってセルフモニタリングできるようになります。

3）生物 - 心理 - 社会モデル

　生物 - 心理 - 社会モデル（図4-2）は医学では心身医学などの分野で活用されてきました。ADHDは生得的な生物学的特徴ですが，問題となる行動には，心理的側面や環境的側面が多大に影響します。図4-2は，発達障がい児を子育て中のADHDをもつ母親が子どもに強い怒りを出してしまうという例を用いて生物 - 心理 - 社会モデルを説明しています。この例では，ADHDをもつ母親が常に怒りを子どもにぶつけているのではなく，生物学的要素としてADHD症状，疲労感に気づきにくい特徴，そして月経前に怒りが表出しやすいことがわかります。また心理的要素としては，抑うつ症状もあってのイライラが募ること，子育て方法として褒め方を知らないことから叱ってしまうこと，これまでの人生のなかで失敗経験が多く，他者から否定的に思われることに敏感であ

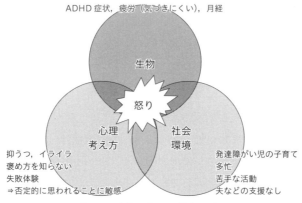

ADHD 症状，疲労（気づきにくい），月経

生物

怒り

心理
考え方

社会
環境

抑うつ，イライラ
褒め方を知らない
失敗体験
⇒否定的に思われることに敏感

発達障がい児の子育て
多忙
苦手な活動
夫などの支援なし

図 4-2　生物－心理－社会モデル
（例：発達障がい児を子育て中で子どもに強い怒りを出してしまう ADHD をもつ母親）

るために，買い物など外出先で子どもに強く叱ってしまうことが明らかとなります。最後に社会・環境的要素として，そもそも簡単ではない発達障がい児の子育てをしていること，優先順位やスケジュール管理が苦手で多忙であること，いつも怒るのではなく買い忘れが多い買い物で怒りやすいこと，夫に ASD 傾向があって子育てに無関心であることが把握できます。これらの３つの要素が相まって子どもへの怒りが出てしまうという悪循環を支援者がクライエントと共に理解していく指針となります。

　ADHD をもつ方はセルフモニタリング能力が弱い方が多く，また疲労や月経など身体的な状態の変化に非常に敏感であったり，非常に鈍感であったりします。そこで，ある出来事が起きた際のクライエントの状態について，生物学的観点（疲労，薬物療法，アルコール，睡眠，月経など），心理学的観点（ストレッサー，ストレス反応，偏った考え方など），環境・状況的観点（その状況，家族や友人・恋人との関係など）を紙に書き出し，多角的視点からある出来事が起きた要因を客観的にとらえ直す練習を継続して行うことが重要です。

　ここで大切なのは正解となるような要因を探し出すだけでなく，多くの要因が重なった時にのみ患者の ADHD 症状から派生する行動的特徴（例えば，対人関係の問題，顕著な先延ばし，子どもへの暴力など）が起きていることを理解し，挙げられた要因の中でコントロールしやすい要因や，今後予測できる要因を特定して対処することです。ある事柄をこのように多角的な視点からとら

え直すことで思考の柔軟性を高めること，セルフモニタリング能力を高めること，問題や症状の自己理解を高めることにもつながり，最終的にはセルフ・コントロール能力の向上につながります。

４）失敗を活用する

　面接への遅刻，スケジュール管理のミス，臨床的ホームワークの未完遂など ADHD 患者が日常生活で起こしやすいミスや失敗は心理療法の実践中にも起きます。そのミスや失敗に対して支援者が感情的になったり困惑したりするのではなく，機能分析や生物 − 心理 − 社会モデルなどの理論を用いながら，起こりやすい問題について患者と共に理解を深め，セルフコントロールにつなげることが大切です。支援者がそのような態度をとり続けること，つまり失敗という結果ではなく，過程に注目し続けることを患者がモデリングすることで，失敗への恐れが強くなっていることが多い患者の失敗に対するとらえ方を柔軟にすることを目指します。

　このように面接中に指示的に教えようとしすぎずに，患者の体験や経験を取り扱いながら，今までとは違う理解の仕方を学んだり，新しい対処法を試してもらいながら，その結果を明確に整理していくというプロセスを続けていくことが重要となります。上手くいくケースでは，一緒に整理して患者が「この方法を試したい。こんな方法はどうでしょう？」などと自発的に新しい方法や行動を試すという流れが出来ていきます。仮に心理教育など支援者側が教えることはあるとしても，あくまで心理教育は患者が新しい行動を試すためのプロンプトです。教えたことをやってもらうのではなく，自発的な行動を促進するという態度が大切になります。

５）ASD の併存と反芻への対応

　DSM-5 で ADHD と ASD が併記できるようになったように，ADHD 患者の中には ASD の診断も併せてもつ者や ASD 傾向が高い方も多いです。成人期の ASD のうつ病や不安症のメタ分析（Hollocks et al., 2019）では，成人期の ASD 者はうつ病の時点有病率が 23％，生涯有病率が 37％，何らかの不安症の時点有病率が 27％，生涯有病率が 42％ であることが指摘されています。

　抑うつや不安と関連する要素として反芻が挙げられます。反芻とは，自己の

ネガティブな側面，動揺させるような出来事・問題・気分について繰り返してくよくよと考えることです。つまり，不快な出来事や問題は誰にでも起きることですが，そのような時に多くの時間を反芻に費やす者は抑うつ症状が高まり，一方で少し気晴らしをして問題解決的に対応するように思考する者は抑うつ症状が低下すると考えられています（Nolen-Hoeksema, 2000）。

　ASD 者の抑うつ症状と反芻の関連を検討した研究では，ASD の行動特性が高い者の中で反芻も多く行っている者の抑うつ症状は，ASD の行動特性が高い者の中で反芻をあまり行わない者よりも有意に高いことが示されてます（Gotham et al., 2014）。つまり，生まれつきの特性である ASD 自体を変えることはできなくとも，反芻に介入することで ASD 者の抑うつ症状を緩和できるということです。したがって，抑うつ症状が高い者や反芻に多くの時間を費やしてしまう者には反芻的思考ではなく，気晴らしや問題解決的思考を増やす練習を繰り返すことが重要となります。このように上述した問題解決療法は反芻への対応としても役立つこともあり，成人の ADHD 患者には有用な治療構成要素となります。

6) ACT Matrix

　筆者が発達障がい傾向をもつ者にカウンセリングを実施する際に重要視している理論の一つとして Acceptance & Commitment Therapy Matrix（ACT Matrix）があります。ACT Matrix は Acceptance & Commitment Therapy（ACT）に基づいた肯定的な機能を促進することでさまざまな臨床心理学的問題に対応することができる認知行動療法の一つの支援理論です（Krafft et al., 2019）。ACT Matrix は，心理的柔軟性を高める目的で個人の経験を 2 つの次元に分類するための視覚的なツールです。第 1 の次元（図 4-3 の縦軸）では，その体験が感覚的・行動的なものか，あるいは精神的・思考によるもの（自分の思考，感情，内的感覚などの体験感覚的な経験や，精神的な経験）かで表現されます。第 2 の次元（図 4-3 の横軸）では，その行動が，望まない内的体験から遠ざかるために行われているのか（体験の回避），それとも自分の価値観（個人的に選んだ人生の方向性）に向かって行われているのか，ということです。つまり，ACT Matrix は 2 つの次元からなる 4 つのダイアグラムで構成されています（図 4-3）。

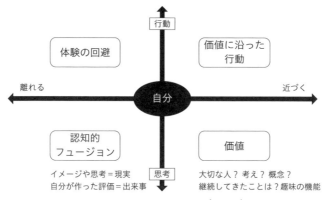

図 4-3　ACTMatrix の 4 つのダイアグラム

　患者に ACT Matrix を説明する際には図 4-3 を見せて，患者の現状や状態を用いながら説明していきます。左下のダイアグラムは「認知的フュージョン」で自分のイメージや思考を現実と思い込んでしまうことや自分が思う評価を実際の出来事と思い込んでしまうこと。左上のダイアグラムは認知的フュージョンに基づく体験の回避であることと説明します。患者は多くの場合，認知的フュージョンと体験の回避に囚われており，右下のダイアグラムである価値が明確でなく，右上のダイアグラムの価値に沿った行動が減少しています。さらに話を聞きながら最終的には価値に沿った行動が増えるようなスモールステップの行動目標を立てて実行してもらいます。特に成人の ADHD 患者は単に社会的に望ましい行動を増やそうとするだけでは動機づけが高まらずに実行することが難しいことがありますが，このような価値を明確にした上で，価値に沿った行動を増やすという過程を経ることで実行可能性が高まります。

　このように ACT Matrix ではクライエントの問題を 4 つのダイアグラムに整理して話し合いながら，価値に沿った行動を促進していくことが目的となります。ACT Matrix の 4 つのダイアグラムはカウンセリングを実施しながら 1 枚の紙面に整理することができるため，特に発達障がいの方には視覚的な補助となり，自らの問題や今後の課題を整理しやすくなるというメリットもあります。

2．成人期の ADHD 特有の治療構成要素

　成人期の ADHD に対する認知行動療法では，機能分析を活用した悪循環の理

解，問題解決的技法や思考記録法，認知再構成法，スモールステップの原理などの一般的な認知行動療法の理論や技法を基礎としながら，順序立てと計画性，注意持続訓練などの成人期のADHDに特化した技法を組み合わせます（Safren et al., 2005／坂野監訳 2011）。以下に成人期のADHDに対する認知行動療法に特有な治療構成要素を紹介します。

1）順序立てと計画性

　やることリストを作成して，それぞれの課題を「Ａ：今日，明日中で終えなければならない課題」，「Ｂ：長期的に終わらせば良い，それほど重要ではない課題」，「Ｃ：重要性が最も低い課題で，すぐに終結することができるために魅力的に感じるが，実際はＡ課題やＢ課題ほど重要ではないもの」に分別する方法です。ADHD患者は脳内で優先順位を決定することは苦手ですが，紙面やホワイトボードなどに書き出して視覚化することで優先順位を決定しやすくなり，結果として本人なりに順序立てることできるようになります。

2）注意持続訓練

　集中力の持続時間を直接的に延ばすことは不可能であるため，退屈な課題を行う際の集中力が持続する時間を測定し，その時間に合わせて課題を分割して行う方法です。例えば，苦手な課題を合計で30分間行う際に，苦手な課題を行う際の集中力が続く時間が10分間とすると，10分間は集中して課題に取り組み，その後，数分間休憩する。そして再度10分間だけ課題に集中します。これを3回繰り返すことで，合計すると課題を完遂するために必要な30分間課題を行うことができます。

　特に苦手な課題をする際には短く時間を設定し，比較的得意なことをする際には長く時間を設定するという工夫も重要です。頑張って集中できる時間ではなく，「この時間なら問題なく集中できる」と思えるような時間を設定するのがコツです。また，それでも取り掛かることができずに先延ばししてしまう際には，やろうとしている課題が大きすぎる可能性があります。その際には課題をいくつかに分割して，その一つずつに取り掛かることで先延ばしの対策にもなります。

３）スケジュール管理

　スケジュール帳や携帯電話の機能を活用してスケジュールを管理し，スケジュールを確認する時間を決めておくことで，大切な予定を忘れたり，優先順位を決定する際に失敗することが少ないように心がけます。さらに，過去の月ごとの予定を振り返って，ミスや気分変動（抑うつ，不安，怒りなど）が起きやすい状況を特定しておくことで，類似した状況に対して予測や対処法を考案する助けとなります。

　ここで取り上げたような治療構成要素は，成人期のADHDをもつ方に必要なスキルを学ぶ（行動的介入）という目的だけでなく，「私は何もできない」，「私はいつも順序立てができない愚かな人間だ」など，幼少期からの失敗を繰り返した結果として自分自身を否定的にとらえている方が，「私が悪いのではなく，対処法が悪かっただけだ。次に困難な事が起こったら，対処法を考えていけばよい」というように考えるようになるための思考の修正（認知的介入）としての役割を果たすことも意図しています。いろいろな問題や主訴に対して，順序立てと計画性，注意持続訓練，スケジュール管理を支援者と共に繰り返し行うことが重要です。そのためにはいろいろな事柄に対して支援者が柔軟に上記の３つの方法を活用していくことも大切になってきます。このように，新しい行動的習慣を身につけることによって生活の改善と否定的認知の柔軟性を高め，その後，残存していて明らかとなっている根底にある認知（スキーマ）を認知的技法によって柔軟にすることが有効となっていきます。

３．成人のADHDへの認知行動療法の実践例

　ここではADHDとうつ病の診断を受けていて，さらにASDの診断はついていないがASD傾向も高い40代男性のAさんの例を用いて成人のADHDへの認知行動療法の実践例を紹介します。精神科クリニックでADHDとうつ病に対する薬物療法も行っていますが，ここでは心理療法に特化して説明します。

事例：Aさん　ASD　40代　男性

　Aさんは大学卒業後，地元の企業に就職しました。家族構成は妻と二人暮らしです。仕事内容は事務作業とお客さんへの対応ですが，事務作業では優先順

位やスケジュール管理が非常に苦手です。特にお客さんへの対応で困難さがあり，お客さんからクレームがあるそうです。Ａさんとしては，「事務作業がメインの仕事でやりがいも感じるが，お客さん対応は自分のメインの仕事ではないし，あまりやる気が出ない」とのことです。さらに話を伺うと，職場の同僚や上司たちとの対人関係がかなり良くないそうで，Ａさん曰く「職場では 15 対 1 なんです」とのことでした。そのためにサポートを上手く得ることが出来ず，ストレスも溜まるために抑うつ症状が高まる理由となっているそうです。

Ａさんへの支援として，まずＡさんの現在の状態を図 4-1 の成人期の ADHD の認知行動モデルや図 4-2 の生物－心理－社会モデルを用いて整理して共有しました。Ａさんは納得してくれて，「具体的にこれからどうやって行けば良いかを話し合っていきたい」と話してくれました。ADHD やうつ病もあって自分の状態や状況を整理できていなかったために，まずは整理ができたことで治療意欲が高まりました。その後のケースで図 4-3 の ACT Matrix の 4 つのダイアグラムを説明しながら，Ａさんの価値について聞いていくと，「①家族（妻），②仕事内容（事務作業）が趣味とも直結していて好きなので今の仕事を継続することが大切」と教えてくれました。その後，その 2 つの価値に沿った行動を一緒に具体的に決めていき，それをスモールステップにしてさらに具体的な行動目標としていきました。

これだけでＡさんの仕事への動機は高まったのですが，Ａさんが「15 対 1」と言う職場の同僚との関係が悪いことが残っています。この職場の人間関係については，上述の ABC の優先順位づけを活用しました。実際に「15 対 1」ではなく，これは ACT Matrix の認知的フュージョンに該当します。つまり，Ａさんが「15 対 1」と考えているだけで，現実的にはそうとは限らないのです。そのため，同僚 15 人について立場や性格，実際にＡさんと仕事上，どの程度関りがあるのかなどを聞いていきながら，「Ａ：関係修復が難しそうな人たち，Ｃ：比較的関係修復が可能な人たち，Ｂ：その中間の人たち」に分類していきました。その結果，実際には「15 対 1」ではなく，「Ａが 2 人，Ｂが 6 人，Ｃが 7 人で，2：6：7 対 1」だったことがわかりました。そしてＣの 7 人と具体的にどのようにしてコミュニケーションをとっていけば良いかを話し合いました。その後，次第にＣの人達と関係が改善し，さらにＢの人たちとも関係が改善していきました。

職場の対人関係が改善されることでストレスが減り，価値としていた家族へ
の愚痴なども減り，家族を大切にしながら，仕事に集中できるようになってい
きました。その後も事務作業やお客さんへの対応が完全に改善されたわけでは
ないですが，これまでとは異なって同僚達からのサポートも得ながら，優先順
位づけや注意持続訓練なども自分で活用しながら，さらに自分に合うように修
正していくことを継続してフォローアップとなりました。

　このように支援者が教え込むような態度ではなく，Aさんの状態や状況を上
述の理論などを用いながら整理すること，そして動機づけを高めるためにも価
値を明確にして何度も振り返り，価値に沿った行動をスモールステップで具体
的にするというプロンプトを活用しながらセルフコントロールできるようにな
ることが成人のADHD臨床では大切です。

引用文献

Gotham, K., Bishop, S. L., Brunwasser, S., & Lord, C.(2014). Rumination and perceived impairment associated with depressive symptoms in a verbal adolescent-adult ASD sample. *Autism Research*, 7: 381-391.

Hollocks, M. J., Lerh, J. W., Magiati, L., Meiser-Stedman, R., & Brugha, T. S. (2019). Anxiety and depression in adults with autism spectrum disorder: A systematic review and meta-analysis. *Psychological Medicine*, 49: 559-572.

金井嘉宏（2005）．認知行動療法の基礎理論③問題解決療法．こころの科学，121: 26-30.

Krafft, J., Potts, S., Schoendorff, B., & Levin, M. E. (2019). A randomized controlled trial of multiple versions of an acceptance and commitment therapy matrix app for well-being. *Behavior Modification*, 43: 246-272.

Nolen-Hoeksema(2000). The Role of Rumination in Depressive Disorders and Mixed Anxiety/Depressive Symptoms. *Journal of Abnormal Psychology*, 109: 504-511.

Safren, S. A., Perlman, C. A., Sprich, S., & Otto, M. W.(2005). *Mastering your adult ADHD: A cognitive behavioral treatment program: Therapist guide*. New York, NY. : Oxford University Press.（坂野雄二監訳，金澤潤一郎ほか翻訳（2011）．大人のADHDの認知行動療法—セラピストガイド．日本評論社.）

Safren, S. A., Sprich, S., Chulvick, S., & Otto, M. W. (2004). Psychosocial treatments for adults with attention-deficit/hyperactivity disorder. *Psychiatric Clinics of North America*, 27: 349-360.

第2節
包括的な取り組みを通じて

千田若菜

1．就労支援における医療の役割

　筆者は，医療機関（外来のみの精神科診療所）で就労支援を担当する臨床心理士です。地域に暮らす知的障害，精神障害，発達障害やその特性のある方々の健康支援を，「働く」という観点から行っています。医療機関内の相談，アセスメント，そして外部関係者との調整が，関わり方の中心です。これらの経験から，職業リハビリテーション（以下，職リハとします）において医療が果たす役割は，就労支援のプロセスに沿っていくつかのポイントがあると考えています。1）就労支援までの道のりを支える支援，2）アセスメントとフィードバック，3）就労継続上の健康管理，の3点に絞って説明します。なお，就労支援のプロセスは，解説者によりいくつかの異なる表記や分類が存在しますが（倉知，2020），本節では，①就労相談，②アセスメントと準備支援，③職場開拓と職業紹介，④マッチングと職場適応支援，⑤職場定着支援と就労継続，の5つの段階を用います（表4-1）。

表 4-1　就労支援のプロセス

①就労相談	就労支援の起点 ニーズを把握し，就職の可能性やどのようなプロセスで進んだらよいか等を相談する
②アセスメントと準備支援	就職に向けた適性や特徴の評価や訓練 支援者が障害のある人を理解するとともに，障害のある人の自己理解を促す
③職場開拓と職業紹介	特性にあった職場を探し，結びつける
④マッチングと職場適応支援	初期の職場適応に向け，雇用形態，仕事内容，環境，配慮事項など，さまざまな調整を行う
⑤職場定着支援と就労継続	長期の職場定着のために，職場内外の支援を継続的に行う

1）就労支援までの道のりを支える「就労相談」

　面接や相談の中で「働いて収入を得たい」というニーズを把握した時点から，就労相談は始まります。就労相談は就労支援の起点となりますが，これは医療機関でニーズが把握された場合でも同様です。医療の利点は，ニーズ把握の瞬間から，クライエントが働くための行動がとれる状況や心身状態にあるのかを見立てやすいことです。相談では，働く目的やそのための行動が，クライエントの健康の維持・回復を阻害せず，むしろ健康の増進や症状の治療に寄与するためにどのような道筋を辿ったらよいのかを一緒に考えます。クライエントの暮らす地域事情を踏まえて，個別のアセスメントに基づき，短期的な目標設定と具体的方法（日々の過ごし方や，活用サービスなど）を提案し，クライエントの選択と意思決定を支援します。

　ケースにより，すぐに以降の段階の「アセスメントと準備支援」「職場開拓と職業紹介」を担う職リハサービス（就労移行支援事業所や障害者就業・生活支援センターなど）の利用につなげられる場合もあれば，別の福祉サービスにつないだり自機関で何度も相談等を重ねたりすることにより，働いて収入を得るという目的は保ちながらも，健康回復や意思決定の支援を続ける場合もあります。医療では，後者のケースに出会うことが比較的多いように思います。このように，就労相談を起点に職リハサービスの実施者による支援が円滑に実施されるよう準備を担い，そこまでの道のりを支える支援が，就労支援における医療機関の大きな役割と言えます。医療機関の相談担当者が，就労に関わるサービスや地域事情に詳しくない場合でも，心身状態の適切な把握と，「働いて収入を得たい」という希望の背景の適切かつ入念な把握のために，相談やデイケア等での支援を重ねたうえで，就労に詳しい人にリファーするプロセスも，就労支援までの道のり支援と言えるでしょう。

　就労支援はプロセスのある支援ですから（小川，2015；倉知，2020），これら支援の起点が対象者および地域の事情にマッチしていれば，その後のプロセスが円滑に進みやすいことは，言うまでもありません。反対に，就労相談の段階で方向性を誤ると，以降のプロセスにも影響を及ぼします。インテークやセラピーの中で相談を受ける機会の多い医療において，就労支援の起点としての役割はそれなりに重いものであると言えるでしょう。

２）アセスメントとフィードバック

　就労相談と道のりづくりの支援の段階で，方向性を誤らず適切な方向に導くためには，医療におけるアセスメントが一部寄与します。医療におけるアセスメントは，主としてクライエントの状態を見立て，治療方針を決定し，治療効果を把握するために行われます。働きたいというニーズを「どのように取り扱うか」が治療に深く関係するケースにおいては，医療におけるアセスメント情報も就労相談の方向性を決定していくことになります。

　それだけでなく，合理的配慮の意思表明と申請にも，医療のアセスメントとフィードバックが寄与します。特に，精神障害や発達障害のような見えにくい障害特性のある方々にとって，事業主への配慮の申請と話し合いにあたり，障害特性に対する認識や自己理解が非常に重要となることは，よく知られている事実です（例えば，障害者職業総合センター，2019）。医療における検査や面接などを通じて得られたアセスメント情報を，医療者だけが把握しクライエントに開示しないことは，ともすると，その人が自身の障害あるいは精神・認知・行動の特性を知る機会を奪ってしまうことにもつながりかねません。したがって，医療機関におけるアセスメントの実施と解釈，そしてそれらのどの部分を・どのタイミングで・どのようにクライエントにフィードバックするかということも，医療が就労支援に寄与できる大事な役割と言えます。

　アセスメントの実施と解釈に際し気をつけなければならないことは，医療におけるアセスメントは，あくまで構造化された場面限定の情報であるということです。糸井（2017）は，ウェクスラー法知能検査を例に挙げ，「構造化の強い心理検査であることを意識して解釈にのぞまないと，生活場面で発揮しうる能力との乖離にテスターの意識が及ばず，クライエントの生活場面の困難さを見逃すことになる」と述べています。このことは，アセスメントを就労支援につなげる場合に，十分に気にかけておく必要があります。なぜなら就労は社会環境の中でなされるのものであり，診察室，面接室，デイケア室などの構造化された環境と，社会や職場のような刺激が多く変動性が高い環境では，見受けられる特性や収集される情報の質量，発揮される力が大きく異なるからです。

　医療におけるアセスメント情報を就労支援に活かすために，工夫できることを３点挙げます。いずれも，検査等を担う心理職（テスター）だからこそ実施できる工夫です。１つ目は，インフォームドコンセントです。検査への協力を

求め，検査目的を説明する際に，「特性の客観的把握と自己理解への助け」という目的も，クライエントと共有しておくことです。2つ目は，検査中の行動観察です。前述の糸井（2017）でも，行動観察や検査刺激と反応との関係のていねいな分析，さらには検査中の体験の内省的報告をもとにして，クライエントの情報処理のプロセスを推測し理解する手法が示されています。3つ目は，アセスメント結果のフィードバックです。結果は，テスターから直接説明し，生活文脈であらわれる様子との一致や乖離を探りながらフィードバックすること，そして行動観察の情報も含めたレポートにして，後から参照できるようにしておくことが大切です。

金山（2019）は，「個別具体的な合理的配慮を実現していくにあたっては，障害があるとされる状況を個人と環境との相互作用から分析し，その両面からアプローチしていく認知行動療法の視点が有用である」と述べています。結果フィードバックの際には，検査が構造化された場面限定のものであり，環境との相互作用による影響まではわからないため，生活文脈の情報と検査結果をすり合わせていく今後の作業がより重要である点について注釈しておけると，結果をより適切に使ってもらいやすいでしょう。一方で，医療機関によっては，アセスメント結果をレポートにして示さないところや，医師などテスター以外の医療者から結果を説明する方針を持つところもあります。人員体制や診療報酬（保険点数）の観点からやむを得ない側面もありますが，就労支援の観点からはたいへん勿体ないやり方です。そのような機関に勤める心理職や認知行動療法の実施者は，組織や上層部と調整・交渉し，可能な限り，就労支援に役立つアセスメント結果のフィードバックの実現を試みていただけるとありがたいです。

3）職場定着支援における健康管理

就労支援プロセスにおいて，前項で示したアセスメントから本項で示す職場定着支援の間には「準備支援，職場開拓，職業紹介，マッチング，職場適応支援」がありますが，これらの段階に医療機関が積極的に関与するには，就労に特化したデイケアの設置やジョブコーチ（職場適応援助者）の配置など，かなり特殊な設定が必要になります。したがって通常は，アセスメントから職場定着支援の間のプロセスに関しては，就労移行支援事業所や障害者就業・生活支

援センター，障害者職業センターなどの職リハ実施機関に支援を委ねることとなります。

　医療の関与や寄与が再び大きくなるのは，クライエントの仕事が決まって働き続ける段階，すなわち職場定着支援における，精神保健を含めた健康管理です。クライエントは準備支援や職場適応支援の間も定期的に通院していることが多く，もちろんその間の健康管理も担わないわけではありません。しかし職場定着支援では，就労支援だけでなく産業保健と労働安全衛生の観点からも，医療に期待される役割がにわかに高まります。

　特に不調時など，健康状態が悪化した際の対応に関しては，医療に期待される割合が大きいように思います。しかし，職場や家庭などの生活文脈において具合が悪くなったり能率が落ちたりしているにも関わらず，判断と対応を求められるのが生活文脈とは離れた医療であることに，留意が必要です。医療機関で取れるのは，前項で記した通り構造化された場面における情報と，クライエントからの自己報告が中心となります。しかし適切な治療を行うためには，ストレッサーの有無や強度を把握し，不調との関係を同定することが必要です。このように，クライエントがどのような経過でなぜ不調となったのかを正しく解明するには，時に職場環境や仕事内容，要求水準などの生活文脈の情報が欠かせません。つまりは，職リハ実施機関や企業との密な連携が求められるタイミングと言えます。

　悪化や不調という危機的状況のタイミングから，いきなり他機関との連携をスタートさせるのではなく，状態の良い時から，職場環境や仕事内容，要求水準などの外的な状況と体調との関係を医療も把握できるように，最近では医療受診時にも持参できるような職場の日報（例えば，障害者職業総合センターの「情報共有シート」）や，Web 上で管理・閲覧が可能な日報システム（例えば，SPIS 研究所の「SPIS」）など，いくつかのツールが開発・運用されています。これらのツールは，認知行動療法の観点からはクライエントのセルフモニタリングを促すツールとして捉えられることが多いですが，職場定着支援における健康管理を担う医療にとっては，クライエントの関係する機関や企業の情報，あるいは職場環境や仕事内容と要求水準の情報を得るためのツールとして捉えることができます。

　したがって医療においても，クライエントが持参するこれらのツールや記録

に対して感度を持ち理解を示し，記載された情報に対して積極的に関与できると，いざという時にいきなり判断や連携を求められて面食らう事態を避けられます。また，クライエントの状態が一見して良いように見える場合でも，医療から見ると不調の兆しが拾える場合があります。その際にも，守秘義務に十分配慮しながら，ケースに応じてこれらのツールも活用し，職リハ実施機関や企業と医療とがコンタクトを取ることで，早期に対処し状態悪化を防ぐことも可能となるでしょう。

　このように，職場定着支援における健康管理の役割を医療が適切に果たすには，医療単体での介入よりも，他機関と連携し足並みを揃えた関わりのほうが，はるかにクライエントの健康や治療に寄与します。

2．発達障害のある人の就労支援事例

　筆者の職場は，町中にあるありふれた精神科クリニックですが，成人だけでなく学齢期の子どもから診察していることや，知的障害の診察を積極的に行っている関係で，発達に障害のある方が一般の精神科よりも割合多く受診しています。就労支援の機能を備えているのも，このような事情からです。これらの経験から，発達障害の支援における医療の役割には，1）診断と評価，2）併存症状の治療，3）健康管理とトランジション（移行）支援，の3点がポイントとなると考えています。以下では，当院でよく経験しやすい支援の架空事例を通じて，発達障害のある人の就労支援において，医療に求められる役割がどのように果たされるのかを見ていきたいと思います。

1）学齢期に診断，就労相談における進路選択支援と，ジョブマッチングに向けた調整支援の事例

　Aさん　ASD　20代後半　男性　WAIS-Ⅳ[1]（FSIQ：121, VCI：126, PRI：123, WMI：109, PSI：89）

　学齢期（小学4年）に登校渋りにより精神科クリニック初診。WISCによる評価，教員の行動観察情報，親からの成育歴聴取の結果，ASD傾向について見立て，学級内では補助教員による見守り支援が実施されることとなった。以降

---

1)　WAIS-Ⅳ：ウェクスラー式成人知能検査　第4版

も登校渋りは断続的にあったものの，不登校にはならず，地元の公立中学に進学・卒業後，私立の単位制高校（デザイン科）に進学した。この間の医療受診はなかった。高校3年次の夏に，提出物が出せずに必要な単位が取れていないこと，朝に家は出るが登校しない日があることが発覚し，クリニック再受診となった。

　クリニックでは，発達障害に関する再評価を行い，結果はAさん本人にもフィードバックした。診断告知ではなく，本人の自己理解を促し現状の分析を手伝う目的で，評価結果をもとに特性の伝達と整理を行った。加えてセルフモニタリングによる生活リズムの安定と，宿題遂行行動の課題分析とシェイピング，登校して提出物を出すことをターゲットとしたチェックリスト導入などの支援を行った。登校や提出物は，家族，教員，スクールカウンセラー，クリニックカウンセラーの励ましと賞賛により，時々途切れながらも何とか進み，高校は1年留年し4年目に卒業の見通しがついた。高校の進路相談は発達障害に詳しくなかったため，クリニックの面談を卒業後の進路選択に関する相談に切り替えた。

　Aさんはデザインの仕事に就きたいと進学を希望したが，進学は家の経済的事情により叶わなかった。クリニックからは，就労支援を活用し障害者雇用で働く選択肢，方法（就労移行支援の利用等），利点について情報提供したが，卒業時にはAさんが希望しなかった。高校卒業後，Aさんは新卒応援ハローワークを利用し障害非開示で就職活動をした。しかし，約束の時間に来所できない，履歴書の志望動機が書けない，複数の企業に並行して応募することができない，高給の正社員求人のみに注目してしまうといったAさんの様子に気づいた新卒応援ハローワークの担当者（就職支援ナビゲーター）が，Aさんに発達障害の可能性や医療との相談を助言し，クリニック再受診となった。

　クリニックでは，Aさんの過去の検査結果やこれまでの経過をふまえながら，不安と衝動性により自発行動や自己管理，行動の組み立てが苦手となりやすい特性とともに，対人スタイルは受身で提供された枠組みには乗れること，支援があればうまくやれる可能性についてAさんと話し合った。検査レポートのコピーは，Aさんが自身で新卒応援ハローワークに持参した。クリニックと新卒応援ハローワーク担当者とで連絡を取り合い，数カ所の就労移行支援事業所の見学をコーディネートした。Aさんはその中で，発達障害のある人が多く通う，

オフィスタイプの就労移行支援事業所を選び，利用することとなった。

　Ａさんは就労移行支援事業所に１年間通所した。通所当初は遅刻や訓練中の居眠りが目立ったが，数カ所の企業見学や企業実習に参加することで，障害者雇用でもデザイン関係の仕事に就ける可能性や，キャリアの道筋をＡさん自身が理解するにつれ，通所は安定した。その間のクリニック受診・相談は，数カ月に１回の状況報告程度であった。途中，Ａさんの申し出により精神障害者保健福祉手帳の診断書も出した。就労移行支援事業所の職場開拓とマッチングにより，チラシ印刷の企業に事務補助として障害者雇用で入社した。職場定着支援（以下，定着支援）は，引き続き就労移行支援事業所が担った。

　就職後１年ほどで，遅刻や欠勤が目立ってきた。しかしクリニックへの受診・相談は変わらず数カ月に１回程度であったことや，就労移行支援事業所の定着支援担当者の変更が重なり，勤怠不安定が深刻化してからの状態把握であった。クリニックでは，Ａさんの仕事内容や職場環境を聴き取り，Ａさんが事務補助に加えデザイン業務を希望した結果，業務上自分で考えることや自発性が求められる割合が増え，それが負担となっていることが把握された。抑うつ状態もみられた。定着支援担当者とも情報共有し，職場訪問と調整を依頼したが，職場の繁忙期も重なり，その時点では業務調整は困難であった。当面は抑うつ状態に対する投薬で凌ぐこととしたが，Ａさんが投薬で少し元気を取り戻したタイミングで，定着支援担当者の勧めと手配により，出勤安定を目的に職場近くのアパートで単身生活を開始してしまった。

　その後勤怠は不安定の一途をたどった。クリニックではＡさんに転職を勧めたが，Ａさんは折角希望のデザインの仕事に就けたからと渋った。そこで定着支援担当者に，企業，医療，家族を含めた支援会議の開催を依頼した。支援会議で「来ればよくやってくれるのに，出社しないことにはどうにもできない，自分たちも手一杯であり，何もかもＡさん次第」と企業が対応に困惑していることを知った家族がＡさんと話し合い，退職して実家に戻ることとした。

　退職後，抑うつ状態が改善したところで，クリニックでは，今回の就職と単身生活が自発性・計画性が苦手なＡさんの特性にミスマッチであったことを，Ａさんとともに振り返った。同時に「事務補助でも何らかのデザインに触れる仕事がしたい」「自立したい」「逃げてしまうのを減らしたい」というＡさんのニーズも改めて確認・整理した。そのうえで障害者就業・生活支援センターに

支援をつなぎ，再就職活動とグループホーム生活の道筋を一緒に描いてもらった。

　障害者就業・生活支援センターの手配で，Ａさんは就労継続支援Ｂ型事業所に短期間通所しショートステイも活用して生活リズムを整えた後，グループホームで単身生活を始め，程なく社会福祉法人の事務補助の仕事に就いた。この間，通院も月１回定期的に行い，クリニックと障害者就業・生活支援センターとで密な連絡を取り合った。社会福祉法人の仕事に就く際は，前職で経験したミスマッチを避けるためにジョブコーチ支援を導入した。ジョブコーチには業務内容と要求水準のこまめな調整とともに，Ａさんが苦手とする自発的な報連相に関しても，職場内でのコミュニケーションの橋渡しとトレーニングを実施してもらった。Ａさんが職場でつける日報（生活リズム，業務内容，本人と企業のコメント記入）を，通院前にコピーし医療とグループホームに提出する仕組みも導入された。Ａさんは，現在も月に１回ほどの遅刻はあるものの，関係者の支援により少しずつ自立スキルやセルフコントロールを身につけ，徐々に勤務時間を延ばし，職場ではデザイン関係の業務も依頼されるようになっている。

２）事例のポイント

　事例を通じてわかるのは，Ａさんが不安から回避行動を取りやすく，それが元来の衝動性の高さと相まった時に，突発的な行動となるか，あるいは一見すると不安回避が自発的かつ意欲的な言動に見えてしまう場合もあるということです。そのため，身近な人たちのＡさんへの評価が安定せず，周囲を「やればできるはず，なのになぜやらないのだろう」という困惑に陥らせやすいパターンも見いだせます。受身で社会的強化に反応しやすく，明確な手順やルールなど強い枠組みを用意されればそれに乗り，IQレベルの高さもあり良好な成果を出すこともできます。しかし，ひとたび自発性や計画性を求められた場合のパフォーマンスはこの限りではなく，周囲のいぶかしげな態度や表情を手掛かりに，うまくいかないことに本人が気づくと一気に回避行動に転じてしまいます。

　このような認知・行動的な見立て方は，シンプルで，本人・関係者の実感と見立てとが重なれば，納得を得られやすい利点があります。医療機関は，早期からこのメカニズムを把握し，家族および教育や就労の関係者に見立てと対応

を共有しながら，Ａさん自身が経験を通じて自己理解しセルフコントロールに
つなげられるよう，時間をかけて促してきました。しかしながら，すべての関
係者に理解を得ることは困難であり，就労移行支援事業所では通所期間中にみ
られた変化や改善を「Ａさんの成長」と捉えられ，「このまま成長していくだろ
う」という期待を込めたマッチングと支援が展開されました。定着支援担当者
の変更も重なり，結果としてＡさんのつまずきは大きいものとなりました。

　職場定着支援における健康管理には，他機関との連携が効果的であることを
先に述べましたが，関係者が多い場合，すべての人と足並みを揃えた支援を行
う難しさも同時に存在します。医療におけるアセスメントで得られた特性や，
認知・行動的視点での見立てについても，本人や関係者の紆余曲折を経た経験
と重なって初めて理解や納得につながることが多く，健康支援の観点からは予
防的な対応が取り難いのがもどかしいところです。

　このようなギャップは，学校卒業後の進路選択など，学齢期から成人期にかけ
たトランジション（移行）期における支援においてもしばしば経験します。ク
ライエントの変化を成長という概念で捉え，期待を込めたプランニングが生じ
やすいのかもしれません。その点では，学習理論に基づき，個人と環境との相
互作用に着目する認知・行動的な見立てと介入は，いわゆる成長への期待を込
めた関わりによる副作用が生じにくい利点があり，有用であると考えます。こ
の有用性を関係者と共有して広く実践につなげていくには，ケースごとに，事
実に基づき関係者の実感に根気強く働きかけていく必要性を感じます。

引用文献

倉知延章（2020）．職業リハビリテーションのプロセス．In：職リハ用語集編集委員会編：職
　　業リハビリテーション用語集．pp.106-107．やどかり出版．
小川浩史（2015）．新社会福祉士養成課程対応「就労支援サービス」．みらい．
糸井岳史（2017）．臨床に活かすウェクスラー式知能検査—成人の発達障害を中心に．児童
　　青年精神医学とその近接領域．58（4）：514-520．
障害者職業総合センター（2019）．合理的配慮提供のポイントと企業実践事例—「障害者雇
　　用制度の改正等に伴う企業意識・行動の変化に関する研究」企業調査結果より．独立行
　　政法人高齢・障害・求職者雇用支援機構障害者職業総合センター．
金山元春（2019）．合理的配慮．In: 日本認知・行動療法学会編：認知行動療法事典．pp.706-
　　707．丸善出版．
障害者職業総合センター．情報共有シート活用の手引き．https://www.nivr.jeed.go.jp/

research/kyouzai/kyouzai60. html（2022 年 1 月 10 日閲覧）.

SPIS 研究所. 就労定着支援システム SPIS. https://www. spis. jp/laboratory/（2022 年 1 月 10 日閲覧）

職場への定着を考える

池田浩之

1．はじめに

　本章では，就労後半年（就労移行支援事業の義務的定着支援期間）を経過して以降の支援について主に扱います。精神障害・発達障害のある者の職場への定着に関する状況はどのようなものなのか，その状況に対して就労支援はどのように行われているのか，また認知行動療法はどのように寄与しているのか，以降で述べていきます。

2．職場定着を支える支援環境

　まず精神障害・発達障害のある者の職場への定着についての調査結果をご覧下さい（図5-1・図5-2）。独立行政法人高齢・障害・求職者雇用支援機構が2017年に行った調査の結果になります。図5-1は求人種類別にみた職場定着率の推移と構成割合です。就労継続A型求人と障害者求人の職場定着率は1年で約7割となっています。これは，採用側である企業も障害がある者を雇用することを前提とした求人（オープン就労）による定着率を示しています。次いで一般求人の障害開示による求人の定着率が1年で約5割となっています。これは企業側も障害のある者を前提とした求人ではなかったものの，採用時に採用側と労働者側が合意して，企業が可能な範囲で障害への配慮を行っていく形態（セミオープン就労）となります。全体の割合としては低いですが，一番低い職場定着率が一般求人で障害非開示の場合で，1年で3割ほどになっています。このグラフ上では障害に対する必要な配慮が得られているか，配慮に対する合意形成がなされているかが職場定着をしていくための要因となっている可

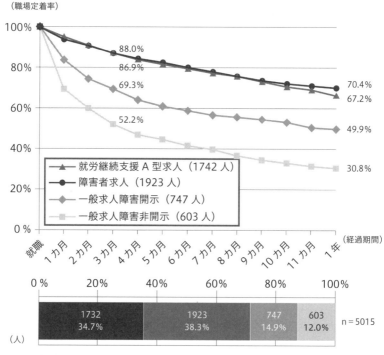

図 5-1　求人種類別職場定着率

能性がうかがえます。次に図 5-2 の方をご覧ください。こちらは障害別にみた
職場定着率の推移と構成割合になります。一番高い職場定着率を示しているの
は，発達障害で 1 年で 7 割となっています。先の求人別による職場定着率にお
いても 7 割が一番高い数値でしたが，これ自体は決して水準として高い数値で
あるといえるものではありません。新規学卒者の 3 年後の離職割合を示したも
のが，独立行政法人労働施策研究・研修機構（2016）から報告がされていま
す。そこでは新規学卒者（大学）においては 3 年で 7 割の職場定着率が示され
ています。そこを基点に考えると，この職場定着率がどの程度のものなのか，
おわかりになるかと思います。さて図 5-2 に戻りますが，一番低い職場定着率
を示しているのが精神障害で 49.3％となっています。同じ図内で示されている
障害別ごとの求人別の形態をみると，発達障害は障害者求人での採用が多いの
に比べ，精神障害は一般求人による採用が約半数となっており，採用前の障害

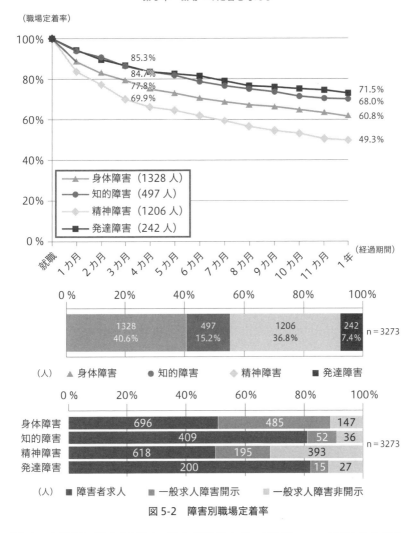

図 5-2　障害別職場定着率

　の開示と企業側の障害者雇用の想定が職場定着に影響している可能性を示して
います。

　採用時から 1 年経過時に関して述べてきましたが，それ以降にも働く上で精
神障害・発達障害のある者がつまずく要因はさまざまあります。表 5-1 は筆者
が実践を行った経験等を踏まえてまとめた，長く働く上でつまずきとなりやす
い要因を整理したものです。家庭，企業，サポートする機関（医療機関や福祉
領域の支援機関など），社会という枠組みでそれぞれ長期的な就労の中で起こり

表 5-1　継続就労上起こりうるつまずき例

家庭	結婚・離婚・出産（ライフイベント），近親者の介護，転居　等
企業	キーパーソン（日々の業務管理者・指示を出す者）の異動や退職，業務の変更や増加，同僚の退職・新入社員の入職　等
医療機関・支援機関	主治医・ケースワーカーの異動や退職，処方の変更，転院　等
社会	法律・支援制度の変化，天災　等

うる変化についてまとめています。特に企業環境内での変化については，現在支援に従事されている方々には思い当たる内容が多いのではないでしょうか。採用された障害のある者に対して，現場で配慮をしながら業務遂行の指示や業務管理をしていた社員（キーパーソン）の異動や退職等はとても大きな変化となります。新しいキーパーソンとの関係構築から始めていくことは働きながら行うこととしては負担が大きく，そのことが時に職場の定着に影響をきたすことがあります。引き継ぎの不十分さからキーパーソン側の対応が変わってしまうこともあります。また安定した業務遂行が行えていると，企業側も期待して，新たな業務を追加することもあります。それは一見喜ばしいことではあるのですが，採用時には構造化されていた業務を担っていても，新たな業務ではそういったことがなされず臨機応変な判断が必要になることもしばしばです。職場環境に慣れてきたとは言え，器質的に苦手な能力の部分を用いる業務となると，生産性も下がり，場合によって企業側からの評価も落ちてしまうことがあります。それまでの安定した職場への定着と業務実績によって期待値が上がっているだけに，新しい業務とその結果による評価の下降は起こりやすくなってしまいます。また同僚の退職や新入社員の入社ということも環境の変化としては大きな要因となり得ます。同僚の退職によって，当人の業務量が増えたり，変化することがあります。また新入社員の入社の場合は，新入社員が職場からさまざまな仕事を早期に任されることを目の当たりにすることもあります。そうなると先に雇用された者にとっては，その展開に納得ができず，不公平感からトラブルに発展することがあります。障害者雇用では業務遂行に関する能力評価を一定基準で行って採用しない場合が多いため，このような展開は決して少なくありません。企業環境内の要因だけ述べましたが，これら長く働く上でのつまずきやすい要因が家庭やサポートを行い続けていた支援機関，医療機関でも

図 5-3　職場定着のための支援

発生することがあり，時に社会全体の変化が影響することがあります。採用時までにつまずきやすい要因は先行研究も増えてきているため予測しやすいですが，長く働く上でのつまずきの要因は支援側もなかなか予測が難しいです。精神障害・発達障害のある者によっては，予測できない変化はとても大きな負担感となって，職業生活のリズムに影響をきたしてしまうことがあるのです。

　では，このような状況に対して，どのような支援が現状では展開されているのでしょうか。現状ではジョブコーチ制度や就労定着支援事業を用いた支援や，障害者就業・生活支援センターが提供する支援があります。長らくジョブコーチ制度を活用した支援や障害者就業・生活支援センターによる支援の２つが就労定着を支える制度・機関として機能してきましたが，就労定着支援事業が就労系福祉サービスとして創設され，多くの支援機関が長期的な職場定着のための支援を行うようになりました。それら支援制度の活用や支援機関からの支援によって，図 5-3 のように働く上で起こるつまずきに対して多面的な支援を展開していくことになります。障害のある者本人への支援だけでなく，家庭や企業，関係機関との連携を通じて解消・改善を図っていくのです。

3．認知行動療法を通じた定着支援の実際

　次に認知行動療法は，この職場への定着支援でどのように用いられているのでしょうか。ここでは個人への介入と職場環境へのアプローチについてそれぞれ述べていきます。キーワードは，セルフモニタリングと随伴性マネジメントです。

　この章の内容は就労相談や職業訓練を経て，一定程度の職場環境と本人の得意・不得意との適正なマッチングがなされているところからの話となります。

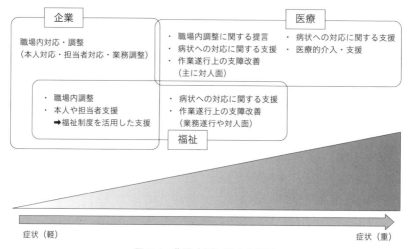

図 5-4　復職支援に関する概要

現場に出向いて，直接個人への介入・職場への環境調整を行うことを想定した内容になります。各章，特に各領域での実践は職場定着までの長期的な視野に基づいた就労・復職までの話，もしくは職場定着に関する間接的な支援展開が中心でした。図 5-4 は，復職支援に関して最近の制度に基づいた支援内容と活動範囲を示した概要です。元来，医療領域からの復職支援や EAP による外部機関からの職場内リワークが中心だった復職支援も，福祉制度の拡充により就労移行支援事業による復職支援が実施可能となりました。そのため明確な線引きがなされていた復職支援もよりシームレスな支援が対象者の生活環境から企業環境の中まで展開できるようになりました。この章はそういった福祉領域からの職場定着支援を基に構成されており，長期的に支援を行う際にはどのような支援が展開されているのか，どのようなことがポイントなのかをまとめました。

1）個人への介入

　職場へのマッチングがなされ，職場への定着のための初期の環境調整を終えると，それ以降は調整した内容が維持されているか，職場の要求する業務遂行基準と本人が実際に遂行している水準との相違がないか，定期的なモニター（以下，注視するとも表記する）が必要になります。その仕組みを持続可能な形で

支援体制に構築していく必要があります。もちろんそれは支援が必要な対象者
全てに対して行っていくことが求められます。そのようなことから，支援体制
を構築していくためにはいくつかのポイントがあります。

　まず1点目は，対象者の働く上でのつまずきとなりやすい要因が整理・特定
され，それへの一定程度の対処が確立されていることが重要になります。継続
就労を阻害する可能性のある要因は，就労相談や職業訓練によって見立てら
れ，その間にその見立てが検証されて内容の精度を高めておかなければなりま
せん。そのようなことから職業リハビリテーションでのケースフォーミュレー
ション（以下，CF）はより高度な技術が求められると言えるでしょう。精度の
低いCFは端的に言えば離職に直結します。どのような介入を行いながら見立
てていくのか，それは第2章の中でも紹介している内容や先行研究を確認して
いただけたらと思います。また精度の高い見立ては，企業側に環境調整を依頼
する際にも理解が得られやすくなり，調整後の環境が持続されやすくなります。
見立ての精度が高くなると，対象の精神障害・発達障害のある者の働く上でつ
まずきとなりやすいさまざまな要因のうち，広範に影響するコアな要因だけを
シンプルに説明しやすくなるからです。企業側に対して曖昧な表現や冗長な情
報の提供となることを避けられます。またつまずき要因の整理・特定は当事者
にとっても重要で，働く上で自分はどのようなことに気をつけていけばよいの
か，自分の状態と環境との相互作用を，持続的に注視することを助けます。就
労に至るまでの職業訓練で実際に確認（行動実験含む）を行い，支援者と共有
することで，注視すること自体が自分の利（継続就労しやすい状態）につなが
ることが理解されます。それによりセルフモニタリングの行為が強化され，そ
の内容を踏まえて対応をすることで実際に長く働く実績が積み上げられること
が実感でき，職業生活へのコントロール感が増します。そしてセルフモニタリ
ングが維持されやすくなる，という好循環に至るのです。

　2つ目は1点目とも関連がありますが，対象者のセルフモニタリングが継続
しやすくなるような環境を整えていくことが必要になります。対象者が働く上
でつまずきとなりやすい要因に対して自分で対処した結果や，周囲が環境調
整を持続できているかに関する内容を紙やPCといった媒体を通じて誰が記録
し，どこまでの関係者がどれくらいの頻度で共有していくのか，モニタリング
を注視する仕組みが必要になるのです。現行の制度では，就職後6カ月以降か

ら3年までを最長とした就労定着支援事業や，ジョブコーチ制度を積極的に活用しながら，セルフモニタリングとその内容を注視する体制の構築・維持を行っていく必要があります（制度以外では，障害者就業・生活支援センターによる支援も該当します）。制度を活用することを前提としなければ，セルフモニタリングを注視する人員を配置する最低限の人件費も確保できません。また職場への定着期間は数年で終わるものではありません。制度活用を終えたあとも対象者が働いている環境（本人がセルフモニタリングできているか，企業側が環境調整を持続できているか）を注視していく必要があります。もちろんこの確認する頻度自体は実際の結果にあわせて適度に減らしていくのですが，適応できる制度がない時期においても支援上は内容を注視し続けなければなりません。そういったことからいかに効率よく，持続可能な仕組みが構築できるかが重要となるのです。

　ここで障害者雇用における事例集（厚生労働省, 2020）から事例を紹介します。内閣官房で精神障害のある方を雇用した際にモニタリング促進ツール（以下，SPIS）を活用した事例です。この部署では精神障害のある方の雇用管理のノウハウがなく，どのような業務が対象の方に適性があるのか把握しずらい状況でした。また臨床心理士といった専門家への相談先も確立されていませんでした。その結果，当事者が適性と違う業務を行うことが増え，ミスや作業効率が落ちてしまったとのことでした。そこで内閣官房ではSPISの導入とSPISを通じた外部専門家（臨床心理士）の配置を行い，雇用管理の改善を図りました。当事者にあった業務は何なのか，試行錯誤しながら把握することが目的でした。具体的には，以下のような取り組みを行いました。①現場担当者と当事者がSPISに入力し，毎日状況を外部専門家に報告。②当事者の体調を統計的に把握。③月1回外部専門家との対面面談の実施。このような取り組みの結果，作業の「〆切」について特に不安が高まるということが明らかになり，まずは「〆切」に時間的余裕のある作業から従事してもらうように環境調整を図りました。そのような調整を行うことで当事者の負担感が軽減されたとのことです。この事例を通じて，内閣官房では取り組みの成果を次のようにまとめています。「当事者が現場担当者に直接言いにくかった話（業務に対する不安や悩み，要望など）をSPISを通じて言えるようになった。」「当事者の体調が『4（良い）』〜『1（悪い）』の数値で報告されるため，悪化しそうな場合にすぐに対策を立

てることが可能になった。」「担当者も外部専門家からの支援を受け，障害者への対応等を学んだ。」このようなことから，当初の目的は達成されたと報告しています。一方現場担当者が人事異動になった際に，再度当事者と外部専門家との人間関係を築かなければならないことが課題として挙げられました。

　この SPIS は筆者が非常勤で勤務している法人が普及を促進しているツールです。上述の持続可能な注視する体制を構築していくことを目的の一つとして開発されました。SPIS は電子版日報作成システムで，テンプレート化されたフォーマットにより業務効率化を図ることができ，数値の自動集計等の機能を備えています。パソコン，スマホ等からアクセスできるため利用しやすく，蓄積したデータにより，対象者の傾向が見やすく対策や分析が容易になります。活用すると本人の体調や業務適性の把握につながりやすくなります（状態のみえる化）。紙媒体の日報と比べてデータで共有されるので，当事者・現場担当者・外部専門家の3者間連携がよりスムーズになります。そのようなコミュニケーションツールとして機能するほか，本人の自己管理能力を育てることにつながるという効果があります（厚生労働省，2020）。

　国内には筆者が確認しているだけでも3～4のセルフモニタリング促進ツールが開発されて，普及がなされています。また企業側でも独自にツールの作成を行い，活用しているところも見受けられます。SPIS は Web を介して記録をつけていくものでしたが，紙媒体のものやアプリによる記録を試みているものも見受けられます。いずれもまずは精神障害・発達障害の特性を可視化することに重点が置かれています。一方その可視化したものをどのように扱うかはまだ発展途上である状態であると言えます。SPIS は複数の自治体と効果の検討や普及を一緒に行っています（久保川ら，2015；池田ら，2016）。モニタリングを促進するツールについては今後も各機関が連携した実践例の蓄積や，モニターする内容の疾患別の傾向把握（池田，2018；内田＆池田，2019；久保川＆池田，2021；内田＆池田，2022）など実践と実践に即した研究が発展することが望まれます。

　個人への介入として2点のポイントを挙げて，セルフモニタリングをキーワードに内容を整理しました。ここでは記載しませんでしたが，もちろん個人の課題に応じて重点的・短期間の介入が行われることもしばしばです。ただどの対象者にも共通して必要な支援・要素として言えることが，この長期的な実施

を視野に入れたセルフモニタリングだと考えています。サスティナブルな視点を中心に据え，支援を実施していただけたらと思います。

2）職場環境へのアプローチ

　さて，続いては職場環境へのアプローチです。ここでは随伴性マネジメントがキーワードとなります。随伴性マネジメントとは，ご存じのように三項随伴性に基づく機能分析を行い，行動に対する反応・結果の内容を修正・改善を図ることで対象の行動の強化や弱化を図るというものです。ここでの最終的な目標は職場定着しやすい職場環境（風土）の醸成になります。それを実践するために，支援者は職場環境のどこに焦点をあてて働きかけるかということについて述べていきます。具体的には介入対象となる先行刺激や，結果は何なのか，その内容に関する示唆を以降で扱っていきます。2つの取り組みついて紹介しながら，職場環境へのアプローチを概観していきます。

　この内容は企業内で採用されている心理的支援従事者ではなく，外部から企業内に入り，対象の精神障害・発達障害のある者を直接支援したり，企業側の採用担当者や現場の担当者，企業の代表者へ助言・提言をしたりする場面を想定しています。

　まず1つ目の取り組みとして，英国自閉症協会（National Autistic Society; 以下，NAS）の職場環境へのアプローチについて紹介します。筆者は2019年度に渡英し，NASの就労支援に関するコンサルタント部門を訪ねました。またその後2020年度のNASによるWebでの研修を通じて，NASの基本的な就労支援に関する実践内容や職場環境のアセスメント「Workplace Assessment」について知りました。

　現在，国内の職業リハビリテーションの実践において，職場環境へのアプローチと，支援対象者の特性や心理的状態との相互作用を同時に扱った研究はありません。実践現場では対象者と職場環境に対して同時に継続してアプローチがなされていますが，研究としては連続体として扱われていない観点を包括的に観察する・介入する研究ができないかと考えておりました。国内の職業リハビリテーション領域での企業研究は事例研究や任意の項目設定による調査研究は増えてきているものの，エビデンスレベルとしては低い状況にあり，未成熟な状態にあります。そのため，NASの職場環境のアセスメントに関する内容

は，職場環境の調査や職場環境への介入研究に対する効果測定の項目内容を検討する際の妥当性として，参考になると考えました。

　この NAS のコンサルタント部門は，その収益の多くは国からの税金による補填ではなく，企業へのコンサルタントを行った収入が占めているとのことでした。2000 年代はプロスペクツという就労支援事業所を運営していましたが，現在はその運営も民間に委託し，企業への介入に重点を置いているとのことです。国内において，独立行政法人高齢・障害・求職者雇用支援機構が開発したワークシステム・サポートプログラム（2006）に関しても，開発当時，担当者が渡英して意見交換を NAS と行っていましたが，その当時の NAS は個人への介入を主とする支援を展開していました。

　NAS の「workplace assessment」では，企業へ雇用環境調査として入る際には，企業の雇用環境評価者（Assesor，以下アセッサー）を派遣し，3 時間程度の現地調査と現場監督者，人事担当者へのヒアリングを行い，後日評価表を作成することとしています。その評価表を企業側に送り，企業はそれをもとに環境調整内容を検討するという流れになっていました。この雇用環境調査の多くは企業側からの依頼で実施されるものですが，労働者（ASD のある者）側には権利擁護をサポートする人員を配置し（本人が選ぶことができるようになっている），企業側に有利な調整にならないように配慮しながら実施することとしていました。このアセッサーには表 5-2 のような条件を満たす者を任用しているとのことでした。一定程度の発達障害に関する知識を有している（この場合は，学歴や専門資格保持者を指す）ことや，障害者雇用を実際にしたことがある者，もしくは支援従事歴がある者を条件としていました。特に，実際に雇用したことや支援をしたことがあるという経験はアセッサーには大事な条件であると強調して話されていました。また NAS としては派遣後も評価表の作成で企業側と労働者側の調整に悩むアセッサーのフォローを丁寧に行うようにし

表 5-2　英国自閉症協会における雇用環境をアセスメントする者の条件

（1）自閉症と自閉症者の職場でのつまずきやすい点についてよく理解している者
（2）職場や大学で自閉症者をサポートしたことがある者
（3）合理的な配慮について理解している者
（4）関連する法案を理解している者

　　＊英国自閉症協会では，特に（2）を重視するとのこと

表 5-3　雇用環境アセスメント時の雇用管理者への質問例

・雇用管理者の管理歴（雇用管理に従事した経歴）はどれくらいありますか？

・従業員の役割を変更させていくことはありますか？

・あなたや職場のチームは自閉症についてどんなことを理解していますか？

・従業員は入社時に自身の自閉症について組織に開示していましたか？

・従業員の一日のスケジュールはどのように構成されていますか？
　（例えば，始業と終業時間，休憩や固定化された業務など）

・現場監督者は従業員とどれくらいの頻度で会っていますか？

・フィードバックや目標設定などを行った際の記録はどうしていますか？

・従業員の強みは何ですか？

・（雇用管理者の）コミュニケーションや相互交流，不安や柔軟な思考に関する質問

ているとのことでした。

　次に実際にアセッサーが現地に赴いた時の質問例を示します（表 5-3）。ここで注目すべきは，作業環境の構造化だけでなく，現場監督者と当事者がどれくらいの頻度で会っているか，また作業の達成具合のフィードバックをどれくらいの頻度で行っているか問う内容が記載されていることにあります。支援現場では経験論的にこのような上司と対象者のコミュニケーションの頻度などを確認することもありますが，代表的な質問例として顕在化させ，確認をしているところが国内にはない視点であると考えました。雇用環境の安定には前提として管理者と対象者の相互作用が必要であるということを明示しています。従来，精神障害・発達障害のある者の悪化した状態への介入，器質的な障害特性への環境調整法を主な方向性として発展してきた認知行動療法ですが，職場定着の支援を検討していく際には，現場の管理者要因を同時に検討することが重要であるとの示唆として，筆者は捉えています。実践もさることながら研究法としてもそのような手続きの開発が求められていくことと思われます。日々の管理者側の関わりが対象者の職場安定に影響するという根拠になります。改めて重要な要素として認識したいところです。

　2 つ目は，筆者らの研究チームの取り組みです。産業労働領域で障害のない従業員がいる職場環境に対して開発された指標を，同様に障害者雇用領域の職場環境に対して適応できないか検討しています。障害者雇用が持続的に行えている企業には職場環境にも特徴があるという仮説を中心に据えています。

表 5-4　HRM チェックリスト

従業員・個人用（従業員，個人が回答し，会社やチームとして集計）
1．ワークシチュエーション：職場や仕事の現状チェック
2．ジョブインボルブメント [1]
3．職務満足――全般的職務満足感
4．キャリアコミットメント
5．組織コミットメント
6．ストレス反応（ポジティブ反応とネガティブ反応）
会社・人事担当用（経営者，人事担当等が自ら会社や職場をチェック）
7．会社組織の基礎統計――結果を解釈し活用するための背景情報として
8．雇用管理施策チェックリスト
9．組織業績診断チェックリスト
10．仕事と職場の魅力チェックリスト

1）ジョブインボルブメント：仕事への没入度

ここでは独立行政法人労働施策研究・研修機構が開発した Human Resource Management チェックリスト（以下，HRM チェックリスト）の活用可能性を紹介します。項目内容は表 5-4 の通りです。従業員用と人事担当者用が項目としてあり，一般企業へは 2 千社以上，3 万名近くの実施実績があります（松本，2017）。1 つ目の内容とも関連がありますが，国内の職場定着に関する実践を発展的に技術向上していくためにも，職場環境と労働者である精神障害・発達障害のある者の相互作用を明らかにしていく必要があります。就労支援において対象者の就労準備性の向上が確認された後，職場環境との相互作用において職場定着にはどのような影響が出るのか。その視点が必要になります。相乗的に良くなることを期待していますが，おそらくその逆もあることと考えています。星明ら（2019）や奥脇ら（2021）の報告では，中小企業や特例子会社を対象とした研究で，HRM チェックリストを使用したところ，人事担当者側が判断する企業の成長性や利益に影響する要因の一つとして，従業員が判断する「経営者と従業員」要因が量的・質的データとして抽出，確認されています。この「経営者と従業員」要因には，経営者が従業員と話す機会をもっているか，経営者は業績に関連した情報を可能な限り従業員に開示しているかなど，経営者と従業員の日々のコミュニケーションを含む，関係性についてふれるものになっています。職場定着のために管理者が対象者に定期的に関わる必要性は何回か述べていますが，採用する企業側の成長性や利益にも影響するという

相乗的な良い効果が生まれる可能性が示唆される結果となっています。今後職場定着に関する支援を行う方々へは参考になるデータと言えます。

　以上の２つの取り組みから職場定着においては，個人への支援だけではなく，職場環境との相互作用が重要であり，特に経営者や上司と対象者の関係性が環境要因として注目すべき内容であると言えます。これに対して，認知行動療法を用いる私たち支援従事者は経営者・上司に対して，対象者の望ましい行動が引き出されるような関わり方が必要であることを助言し，時として具体的な改善案を提言する必要があるのです。ここに随伴性マネジメントを挙げた理由があります。

　例えば経営者はどのような方針・理念を企業として打ち出し，それをどのような伝え方で対象者に理解してもらうように日々働きかけているか（先行刺激），また対象者がその方針・理念に基づき業務を遂行した実績（行動）に対して，どのように評価し，評価内容を対象者に理解しやすいように伝えているか（結果の随伴性），アセスメントしていきます。また現場の担当上司は日々の業務指示を対象者に理解してもらうようにどのように工夫しているか（先行刺激），業務遂行が行えたこと（行動）をどのような頻度と手段で共有し，達成できたことをどれくらいの頻度で労えているか（結果の随伴性），そのような日々の関わり方を確認していきます。私たち支援従事者はそのアセスメント結果から，必要に応じて先行刺激や結果の部分に係るより良い対応を経営者や上司と一緒に図っていくことで，対象者の働くという行為が強化されるように働きかけていきます。結果，そのような強化は職場から対象者が良い評価を得られやすい好循環となり，職場環境が求める望ましい行動が増えていくことにつながります。最終的に職場の業績向上や企業としての成長と連動するようになるのです。

４．おわりに

　本章でのキーワードはセルフモニタリングと随伴性マネジメントであると冒頭に述べました。目指す内容としては，精神障害・発達障害のある者が長く安定して働けているかの確認と，精神障害・発達障害のある者が職場から何を求められているかが伝わりやすい・理解しやすいコミュニケーションを周囲も持続的に行っていく職場環境の風土・雰囲気づくりになります。そのための個人への介入と職場環境へのアプローチを紹介しました。個人と環境の要因はどち

らも大事で，どちらかが欠けていても不十分です。良い相互作用が起こりやすいようなバランスのとれた支援を心がけていただけたらと思います。また，本書の「まえがき」でもお伝えしましたが，職場の定着のための支援が長期的に継続して発揮されるよう，支援者である皆さんも日々の健康管理を程よく行っていただくことを願っています。

　なお，本章の内容の一部は，日本学術振興会の若手研究（B）（2017 年度〜2018 年度），若手研究（2019 年度〜 2020 年度）の助成を受けて実施した内容を記載しています。

引用文献
独立行政法人高齢・障害・求職者雇用支援機構（2006）．発達障害者のワークシステム・サポートプログラムとその支援技法　実践報告書 No. 17.
独立行政法人高齢・障害・求職者雇用支援機構（2017）．障害者の就業状況等に関する調査研究　調査研究報告書　No. 137.
独立行政法人労働施策研究・研修機構（2016）．若年者のキャリアと企業による雇用管理の現状―『平成 25 年若年者雇用実態調査』より　資料シリーズ No. 171.
星明聡志・池田浩之・奥脇学（2019）．障害者雇用と企業の雇用環境に関する研究―企業に与える良い効果．日本職業リハビリテーション学会第 47 回大会発表抄録集．
厚生労働省（2020）．国の機関の障害者雇用の事例集．https://www. mhlw. go. jp/content/000639380. pdf（2021 年 11 月閲覧）
久保川良子・福島美和子・池田浩之（2015）．精神・発達障害のある方の就労継続を支える取り組みについて―Web システムを活用した例について．日本職業リハビリテーション学会第 43 回発表論文集．
久保川良子・池田浩之（2021）．就労移行支援におけるセルフモニタリングの設定に関する研究．日本職業リハビリテーション学会第 48 回愛知大会発表論文集．
池田浩之・福島美和子・谷口さつき・勝田範子・久保川良子（2016）．精神・発達障害のある方の就労継続を支える取り組みについて（2）―大阪府内での実施を通じて．日本職業リハビリテーション学会第 44 回発表論文集．
池田浩之（2017）．高機能自閉スペクトラム症者への就労支援プログラムの長期的効果の検討．日本学術振興会，若手研究（B）．
池田浩之（2018）．就労移行・定着支援で用いるセルフモニタリング項目の内容の検討―企業実習日数，就労継続日数との関連から．日本職業リハビリテーション学会第 46 回発表論文集．
池田浩之（2019）．高機能自閉スペクトラム症者への就労支援プログラムの普及と内容改定に関する検討．日本学術振興会，若手研究．
松本真作（2017）．高業績で魅力ある会社とチームのためのデータサイエンス―職場と仕事

を数値化する測定尺度，チェックリスト集．独立行政法人労働施策研究・研修機構．

奥脇学・星明聡志・池田浩之（2021）．障害者雇用が企業環境に与える効果に関する研究．日本職業リハビリテーション学会第48回愛知大会発表論文集．

内田空・池田浩之（2019）．Webシステムによる日報導入が就労移行支援事業所に通所する統合失調症患者の心理的状態に与える効果—セルフモニタリングを通じて．日本認知・行動療法学会第45回大会発表抄録集．

内田空・池田浩之（2022）．セルフモニタリングを用いた就労支援が統合失調症患者の心理的状態に与える効果—Webシステムによる日報を通じて．認知行動療法研究, 48(3): 261-271．

職業リハビリテーション従事者の育成

陶　貴行／池田浩之／谷口敏淳

第1節
就労移行支援事業所のスタッフに向けた
応用行動分析に基づく人材育成

陶　貴行

1．はじめに

　「注意や指摘を受ける」，「指示通りできない」，「何を話せばよいかわからない」，「気分が落ち込むと，仕事に取り組めない」，「働くことがつらい」

　精神障害や発達障害のある方の就労支援で，このような困りごとを聴いた経験のある支援者は少なくないでしょう。一方，企業の方から，次のような相談を受けた経験がある方もいらっしゃるでしょう。

　「注意しても改善しない」，「指示をきいてくれない」，「報告や相談がない」，「仕事に集中できていない」，「やる気を感じない」

　これらの主訴には，利用者の症状や気分，態度，問題行動が原因と捉える様子が窺えます。しかし，その捉え方は本当に適切でしょうか。確かに業務がうまくいかない背景に個人要因の影響を考えることはできますが，職場環境にも原因があるかもしれません。困りごとの因果は時に複雑で，個人と環境の相互作用の結果と捉えることが重要です。支援者は問題に向き合う際，「誰」かの問題ではなく，「問題」が問題であると捉え，個人と環境の関係を分析する必要があります。応用行動分析（Applied Behavior Analysis: ABA）では相互作用の

結果を「行動」と捉え，その原因を操作可能な環境側に求めます。

2．職業リハビリテーション従事者の人材育成の状況と課題

　現在，精神障害や発達障害のある人の就職件数や，就労支援機関の利用者数が増加しています（厚生労働省，2017）。また，雇用の場において精神障害は多様化しています（障害者職業総合センター，2012）。精神障害の要因となる疾患は，統合失調症，気分障害，不安障害，発達障害など多様です（倉知，2016）。しかし，「精神障害者」と大雑把に括るのではなく，個別の文脈に合わせた支援が求められています（相澤，2016）。また，職場の上司・同僚から障害特性の理解や合理的配慮の提供に関する情報提供が求められており（障害者職業総合センター，2013），多様な障害に対応するための知識や支援技術が求められます。

　その一方で，就労支援の人材は民間企業でのビジネス経験者が52.2％（浜銀総合研究所，2009），障害者就労支援経験3年未満の者が76.6％，福祉や対人支援の関連資格が特にない者が57.1％（厚生労働省，2009）を占め，就労支援に従事するまでに心理社会的援助や福祉，職業リハビリテーション（以下，職リハという）に触れる機会がなかった支援者は珍しくありません。就労支援施設の利用目的は「治療」ではなく「就労」であるため，企業をよく知るビジネスパーソンや多様な経験を持つ人々がいることは強みです。しかし，就労支援の人材育成は実践現場に入った後のOJTやOff-JTに委ねられており（松為，2014），入職直後の育成機会以後の研修システムが課題となっています（大川＆本多，2018）。実際に就労支援業務の困りごとには，実践的なノウハウが蓄積していない（76.1％），実践的なノウハウの習得機会の不足（72.6％），就労支援に必要な知識の不足（69.1％），企業に障害者の支援のノウハウを理解してもらうことが難しい（69.4％）などがあがります（厚生労働省，2009）。

3．認知行動療法による就労支援従事者の人材育成

1）就労支援における応用行動分析の有用性

　Burrhus F. Skinnerによる米国由来の行動分析学は，ABAとして自閉症児や閉鎖病棟の精神障害者への介入で活躍し，近年では抑うつや不安などの主訴

に対して応用されるようになった臨床行動分析へと発展しています（三田村，2019）。ABA は，臨床心理学では機能分析による行動上の問題の改善，認知行動療法では機能分析的心理療法や SST，早期療育では自閉症の早期行動集中介入やペアレント・トレーニングなどのことを指す（井上，2018）ことがありますが，その実態は「行動原理から導き出される戦術を社会的に重要な行動を改善するために組織的に応用して，実験を通じて行動の改善に影響した変数を同定する科学である」とされます（Cooper et al., 2013）。なお，行動分析で言う「行動」とは，思考や感情をも含みます。ABA の実践では，多様な障害者とさまざまな職場環境との相互作用の結果生じた行動を分析し，その行動に影響を与える環境要件を操作することで問題解決を図るため，特定の疾患や障害名・診断名といった概念を超えて支援を行うことができます。

　障害のある方が働くうえで，職リハの支援者は「個々人の発達や能力の向上，発揮を促し，自立的な生活を送る可能性を高め，社会の中でより機能的な行動の学習を促すこと」が可能となるよう，指導・支援の構築に役立つ具体的で効果的な課題分析と機能分析を行う必要があります（障害者職業総合センター，2006）。つまり，「どのような環境でどのような行動をとっているか」，「どのような行動がどのように強化されているか」，「その行動にはどんな機能があるのか」等について観察・記録・分析する支援スキルが求められています。また，「どの行動を学習していないのか」等の学習歴を把握し，「どのような行動をどのように学習できるか」等の行動形成の方法，「どのような行動をどのように維持・増進・拡大するか」等の行動活性化の方法，「どのような環境を用意すると，どのように動機づけられるか」等の動機づける方法を話し合って，計画・実践することが望まれます。

２）就労移行支援事業所で ABA を用いた事例

　本田・陶（2015）はうつ病と自閉スペクトラム症のある利用者が施設での支援プログラムが中断するほどの号泣に対して，ABA に基づく支援を行った事例を報告しました。当該事例は，筆者の指導のもと，就労支援経験 2 年弱のスタッフが主となり実施しました。

　号泣について，図 6-1 のように機能分析を行うと，次のことがわかりました。

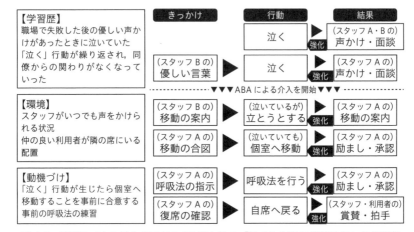

図 6-1　自閉スペクトラム症のある 30 代女性の「泣く」行動の機能分析と分化強化

・ スタッフの優しい声かけと臨時の面談が「泣く」行動の頻度・強度を強めていること。
・ 週 1 回実施されるストレス対処のプログラムでスタッフ B が話す優しい言葉を聞いていると，過去のつらい経験や現在困っていることを考え，号泣すること。

ご本人へ過去の職場で同様のことがあったか聴取すると，次のことがわかりました。

・ 失敗して職場で泣いた時に，周囲の同僚から優しい言葉かけがあったこと。
・ その後，「泣く」行動が増え，同僚から冷たく対応されるようになったこと。
・ 今後は働き続けるために「泣く」のをやめられるようになりたいという希望があること。

介入前に見通しを得られるように，ご本人と以下のことが話し合われました。

・ プログラム中，「泣く」行動が生じたら，個室へ移動し，呼吸法を行うこと

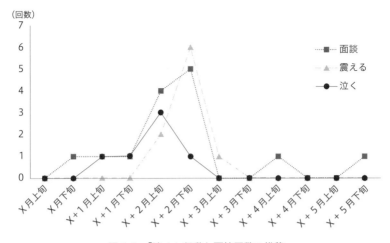

図 6-2　「泣く」行動と面接回数の推移

の合意。

・ スタッフBはプログラム提供を継続し，スタッフAが移動や呼吸法を支援すること。

・ 呼吸が整い，「泣く」行動がおさまってから，プログラム席へ戻ること。

　図6-1の通り，スタッフは「離席」,「移動」,「呼吸法の実施」に正の強化を行い,「泣く」行動を強化せぬよう努めました。結果は図6-2の通りです。X＋2月上旬に機能分析を行い，ご本人の動機づけ面接を行いました。その後，続けて介入を開始し，当初は消去抵抗がみられ,「泣く」行動の一時的な増加がみられましたが，X＋3月以降「泣く」行動はなくなりました。このように，先行子操作[1]・分化強化[2]・課題分析[3]・機能分析[4]などのABAに基づく介入の実践は，初学者でも指導があれば対応可能です。その後，本事例は事務職で就職しました。職場で注意を受けた時は給湯室へ移動し，呼吸法を行って事務所へ戻るという行動の般化が観察されました。

---

1) 標的行動の生起にかかる物理的環境や社会的環境を操作すること。
2) ある環境で生起する複数の行動のうち，ある行動を強化し，ある行動を消去すること。
3) ある行動の連鎖を個々の細かなステップに分けること。
4) 行動と環境の機能的な関係を確認するために，標的行動を生起・維持する環境要因を操作することで，標的行動の変化（環境要因と行動の関数関係）をテストする手続きのこと。

3）応用行動分析を学ぶ機会の不足

　人材育成の仕組みに課題がある環境で就労支援に臨む支援者にとって，ABA を実践的に学ぶ機会は少ない状況にあります。職リハ初任者が就業支援に関する基礎を体系的に学ぶことを目的にした就業支援ハンドブック（障害者職業総合センター，2021）の中でジョブコーチの技術として機能分析や課題分析が紹介されていますが，その他の ABA に関する支援手法は解説されていません。また，課題分析やシステマティック・インストラクションによる職業指導や介入の「型」が実践されている一方で，ABA の理論的裏づけを知らされていないこと，指導・介入の「型」は同じでもその効果が不明確であること，効果がない時の次善策が直観に委ねられていること等が指摘されています（若林，2009）。

4）応用行動分析を就労支援の人材育成に取り入れることによる支援者への効果

　ABA に関連するスタッフトレーニング（以下，ST という）はスタッフの知識や感情的な反応，行動の原因帰属に良い影響が期待されます（MacDonald & McGill, 2013）。例えば，国内の先行研究では，就労継続 B 型事業所職員の正の強化の増加とそれに伴う対象者の不適切発言の低減（植田＆松岡, 2020），少年院職員の行動原理に関する知識の向上（藤原，2019），幼稚園教諭のストレス軽減と効力感の向上（藤原ら，2010），保育士の ABA に関する支援技術の向上（松﨑＆山本ら，2015）などさまざまな効果がみられています。

4. 就労移行支援スタッフへの応用行動分析に基づくスタッフトレーニング

1）スタッフトレーニングについて

　陶ら（2017a）は就労移行支援事業所スタッフに向けた応用行動分析に基づく ST を作成し，その事前事後の変化について調査しています。ST は 2 週間に 1 回の頻度で，全 5 回，1 回 90 分程度のグループセッションで行われました。講義やグループワークを行う各セッションは Off-JT で，各回の間に行動観察，介入，記録を行うことを OJT としました。各回の内容は，第 1 回が「ターゲット行動と記録方法の設定」，第 2 回が「ベースラインの確認と強化子探し」，第

3回が「ABC分析と対策の検討」，第4回が「対策の効果の確認と修正」，第5回が「再対策後の確認・結果」でした。第1回はABAの基本的な要素として強化の原理，機能分析，課題分析などの講義をした後，ABAに基づく介入を行う利用者を決めて，介入対象のターゲット行動の選定と記録方法を決めました。第2回以降は各回のテーマに合わせて，ABAの原理やその応用についてより詳細に解説しながら，参加者が作成した行動観察の記録に基づいてワークを実施し，具体的な強化子の選定，機能分析，効果の確認，対策の修正を行いました。

2）スタッフトレーニングの効果その1：スタッフへの効果

 STによってスタッフの機能分析に基づく介入や自己効力感が増大するか，抑うつ気分やストレス反応が改善するか，STの効果に支援経験年数の違いやスタッフの困り感の違いによる影響があるかなどを検討しました（陶ら，2017a）。調査項目はデモグラフィックデータ（年齢・支援経験・学歴・施設内の役割など），機能分析に基づく介入を測る尺度のFABIAS（Sue, 2017），抑うつ気分のスクリーニング検査のCES-D，心理的ストレス反応を測る尺度のSRS-18，ABA実践の自己効力感および支援の困り感に関する質問でした。

　結果を図6-3に示します。ST終了時点および終了3カ月後において，機能分析に基づく介入とABAに基づく介入の自己効力感は有意に増加しました。終了時点の抑うつ気分の改善は有意傾向でしたが，心理的ストレス反応には有意な改善が認められました。しかし，抑うつ気分および心理的ストレス反応については，終了3カ月後にはST実施前と比べて有意な差は認められませんでした。また，機能分析に基づく介入に対するSTの効果に，支援経験年数の高低による影響は認められず，時期の主効果のみが有意でした。一方，支援に対する困り感の高低と時期の交互作用が有意で，支援に対する困り感の高い群では事後に機能分析に基づく介入が有意に増加していました。

3）スタッフトレーニングの効果その2：利用者の行動変容

　介入した利用者の標的行動の変化をABデザインで検討しました（陶ら，2017b）（図6-4）。改善12事例，不安定な変化7事例，悪化1事例でした。Case1では施設内を徘徊する行動が問題になっていましたが，植木の水やりや

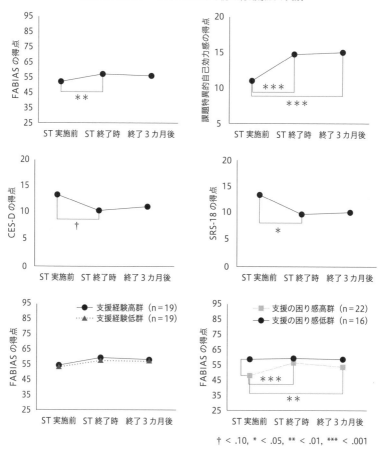

図 6-3　スタッフの機能分析に基づく介入，自己効力感，抑うつ，ストレス反応の変化

訓練の準備を行えるよう分化強化し，徘徊行動を消去しました。Case2 では相談がないことで就職活動が滞っていたのですが，自発的な就職活動に関する相談を強化することで，相談頻度が向上し，就職が内定しました。Case 3 は唐突に話し出すことがビジネスマナーの観点から問題視されていましたが,「報告します」と最初に言うことを強化し，改善しました。Case 4 は「でも，しかし」と言う口癖を,「そうですね」という返事に分化強化し，改善していきました。しかし，強化の方法がワンパターンだったために強化子が飽和化したのか，最後の週で反応復活した様子が窺えました。

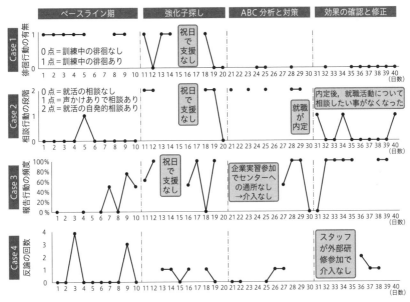

図 6-4　就労移行支援事業利用者のターゲット行動の推移

4）就労移行支援事業所におけるスタッフトレーニング実施の課題と展望

　ST のスタッフに対する効果として各尺度にポジティブな変化が窺えました。特に，機能分析に基づく介入に与える影響において，スタッフの経験による差はなく，支援に困っている人への有意な影響が示唆されたことには，現場で困難に直面する経験の浅い支援者でも行動問題の解決に向けたスキルの向上が望める結果と考えられます。一方，全体において ST 終了 3 カ月後に有意な改善がみられなくなったことは課題と言えます。就労移行支援では日々 20 名もしくはそれ以上の対象にさまざまな支援を提供するため多忙であり，ST 終了後に観察や行動の記録を継続することが難しかった可能性があります。また，トレーナーなしに機能分析を日常的に行うことは難しかったかもしれません。ST での学びを就労支援で継続するには，観察や記録の負荷を軽減すること，ABA に基づく支援行動を強化すること，介入について相談できる仕組みをつくることなどの工夫が必要と考えられます。

　利用者への効果として行動の改善がみられた事例がある一方で，計画通りに行動が改善しなかった事例もありました。忙しい時間を調整して ST に参加された経緯から，参加者の中には行動観察や記録にコストを割くことに消極的な

人もあり，ターゲット行動の選定において記録しやすい遅刻や欠席を選定される方が複数いらっしゃいました。遅刻や欠席にかかる行動の問題点は直接観察できないために，行動の問題点を特定しきれず，機能的な介入が困難でした。社員との関係性を考慮すると，選定されたターゲット行動の変更を強く求めることは難しく，今後 ST 参加への動機づけにさらなる工夫が必要と考えられます。

5．おわりに

　就労支援の研修制度や育成システムについて指摘があることから，支援者個人の経験や知識，能力を問う前に，学ぶ環境の改善が望まれます。就労支援サービスは，身体障害，知的障害，精神障害，発達障害，難病などのあるさまざまな方が利用されています。ABA は多様な「診断」を超え，どの障害種別の方にも有用です。課題分析によって行動の問題点を特定すること，機能分析によって行動に与える環境の影響を理解し環境要件を操作すること，個人が望む適応的な行動を分化強化することは，就労支援のさまざまな場面で有効な介入となりえます。今後，就労支援に従事する支援者にとって，ABA を学びやすく，かつ実践できる機会を作っていくことが必要であると考えられます。

引用文献

相澤欽一(2016)．障害者雇用施策の動向とこれからの就労支援．精神科臨床サービス，16(3)：313-319.

Cooper, J. O., Heron, T. E. & Heward, W. L.(2013). *Applied Behavior Analysis 2nd Edition*. Prentice Hall.（中野良顯訳（2013）．応用行動分析学．明石書店．

藤原直子・大野裕史・日上耕司・久保義郎・佐田久真貴・松永美希（2010）．「気になる子」を担任する幼稚園教諭への集団コンサルテーションプログラムの効果．行動療法研究，36(2)：159-173.

藤原直子（2019）．特別な支援を必要とする少年に関わる少年院職員への研修の実践―応用行動分析を取り入れた研修の効果．特殊教育学研究，57(1)：59-68.

浜銀総合研究所（2009）．就労移行支援事業所における就労支援活動の実態に関する研究報告書．平成21年度障害者保健福祉推進事業．

本田真大・陶貴行（2015）．自閉症スペクトラム障害のある30代女性の不適応行動に対する応用行動分析の介入による一考察．職業リハビリテーション研究実践発表会発表論文集，23: 162-163.

井上雅彦(2018)．自閉症スペクトラム児の支援法最前線―応用行動分析の今とこれから．日

本発達障害学会プログラム発表論文集, 53: 24-25.

倉知延章(2016). 雇用され働き続けるための就労支援のあり方. 精神科臨床サービス, 16(3): 327-332.

厚生労働省 (2009). 障害者の一般就労を支える人材の育成のあり方に関する研究会報告書.

厚生労働省 (2017). 資料3障害者雇用の現状等.

MacDonald, A. & McGill, P. (2013). Outcomes of staff training in positive behaviour support: a systematic review. *Journal of Developmental and Physical Disabilities*, 25(1): 17-33.

松為信雄 (2014). 職業リハビリテーション人材の育成（特集：ユーザーニーズ実現につながる人材育成）. 精神障害とリハビリテーション, 18: 42-46.

松﨑敦子・山本淳一 (2015). 保育士の発達支援技術向上のための研修プログラムの開発と評価. 特殊教育学研究, 52(5): 359-368.

三田村仰 (2019). 行動療法のケースフォーミュレーション. 精神療法, 6: 27-34.

大川浩子・本多俊紀 (2018). 就労移行支援事業所における人材育成の現状—事業所管理者に対するアンケート調査から. 北海道文教大学研究紀要, 42: 85-94.

Sue, T. (2017). Development of the Functional Analysis Based Intervention Assessment Scale and Examination of its Reliability and Validity. 国際自閉症カンファレンス東京.

陶貴行・恒吉麻実子・嶋崎まゆみ・加藤美朗 (2017a). 就労移行支援事業所における ABA を用いたスタッフトレーニングの効果の検討—スタッフの支援行動・自己効力感・気分の前後比較について. 日本認知・行動療法学会発表論文集, 43: 233-234.

陶貴行・恒吉麻実子・嶋崎まゆみ・加藤美朗 (2017b). 障害者就労支援施設におけるスタッフトレーニングの実施とその効果. 日本行動分析学会発表論文集, 35: 114.

障害者職業総合センター (2006). 職業リハビリテーションにおける課題分析の実務的手法の研究. 調査研究報告書, 73: 8-20.

障害者職業総合センター (2012). 職場における心の病の多様化と事業主支援に関する研究. 資料シリーズ, 66: 1-37.

障害者職業総合センター (2013). 精神障害者・発達障害者の雇用における課題と配慮の推進に関する調査研究. 資料シリーズ, 76: 25-90.

障害者職業総合センター (2021). 令和3年度版就業支援ハンドブック. 独立行政法人高齢・障害・求職者雇用支援機構職業リハビリテーション部.

植田隆博・松岡勝彦 (2020). ASD 成人における業務遂行中に不適切発言をする行動の改善—就労継続支援 B 型事業所職員への行動コンサルテーションの実践を通して. 自閉症スペクトラム研究, 17(2): 41-49.

若林功(2009). 応用行動分析学は発達障害者の就労支援にどのように貢献しているのか？—米国の文献を中心とした概観. 行動分析学研究, 23(1): 5-32.

第2節
コンサルタント的介入から従事者の育成を考える

池田浩之

1．はじめに

　ここでは，前節に続き，外部から支援機関にコンサルタント的介入を行うことや，地域の就労支援ネットワークに研修として介入を行い，支援従事者の育成を行った内容を扱います。人材育成について，ミクロ的な介入ではなく，メゾ的な視点での内容となります。図6-5をご覧ください。これは人材育成の実施形式に関する内容例です。実施形式によって，介入の程度と効果に違いがみられます。近年この福祉領域での職業リハビリテーションの実践においても外部機関からのSV（スーパーヴィジョン）の重要性が謳われ制度化されるなど，国内全域で専門性の向上を目的とした支援員の育成が実施されています。本節の内容がこれから人材育成に取り組む機関や外部機関としてSVに入る計画をされている支援者の方の一助となればと思います。

2．就労支援を支えるネットワークについて

　この章にいたるまで，個別介入だけでなく，環境へのアプローチの重要性を述べてきました。就労支援は一つの支援機関で就労相談から職場定着まで賄えることはほとんどありません。それぞれのプロセスにおいて専門機関があり，それらの機関と連携を図ることが福祉領域の制度設計上も求められています。また領域横断的な連携を行っていかないと継続した就労が難しくなる場合もあります。このような背景から国内各地域では就労支援に関するネットワークはその必要性に応じて多数形成されています。福祉領域でいくと，市町村単位の自立支援協議会内に設置された就労部会や障害者就業・生活支援センターが中心となって形成しているネットワークが該当します。それぞれのネットワークでは障害のある者の就労支援に関するトピックが扱われており，構成されている機関も福祉機関だけでなく自治体の障害福祉課や労働局，医療関係者や企業関係者などさまざまです。地域の実情に応じた問題解決型の会議が開かれてい

外部機関による人材育成（研修形式・コンサルタント形式）

研修形式：
単回で実施することが多い
就労支援に関する包括的内容を扱う
多くの人数に対して実施できる
参加者の技術発展のきっかけとなる

コンサルタント形式：
支援機関内の課題に応じた内容設定を行える
研修に比べ知識・技術の定着が図られやすい
外部機関の立場から、課題に焦点があてやすい
支援システムの調整などのきっかけになる

所属機関内での人材育成（SV形式）

SV形式：
事例性に対応した助言・指導が行える
SVを受ける支援員の成熟度に応じた指導ができる
支援員のメンター的存在となり、支援員の職場定着につながる
個人の技術発展につながりやすい

図6-5　人材育成の実施形式

ることが多いと言えます。

　それらのネットワークでは認知行動療法を用いた就労支援の実践などの研修を行う機会も徐々に増えています。厚生労働省の職場適応援助者養成研修のあり方に関する研究会（2020）においても認知行動療法の研修をスキルアップ目的として行っているなど，報告もなされるようになっています。

　では，そのような研修やコンサルタント形式での実践を行う際の内容構成や実施手続きはどのようにしていけばよいのでしょうか。以降では，それらの内容を扱っていきます。

3．コンサルタント的介入から従事者の育成を考える

　筆者は，2013年〜2015年において大阪府の「発達障がい児者総合支援事業」の重点事業の一つである「発達障がい者支援コーディネーター派遣事業」に携わっていました（池田ら，2014；2015）。ここではその事業を通じた内容を扱います。

　図6-6はこの事業が創設された際の大阪府が就労支援機関に実施したアンケートです。支援員の発達障害に関する知識や経験が不足していると回答している機関や，支援のニーズ増大に対して支援員の人数が不足しているという回答が上位を占めていることがわかります。そのような背景から，コーディネーターを派遣して支援機関の支援技術の向上や就労支援機関が就労支援ネットワークを活用した支援が行いやすくなるようにネットワークの機能促進を目的とした活動を行いました。

　実施する際には，各自治体から就労支援機関へ事業の広報を行い，申し込み

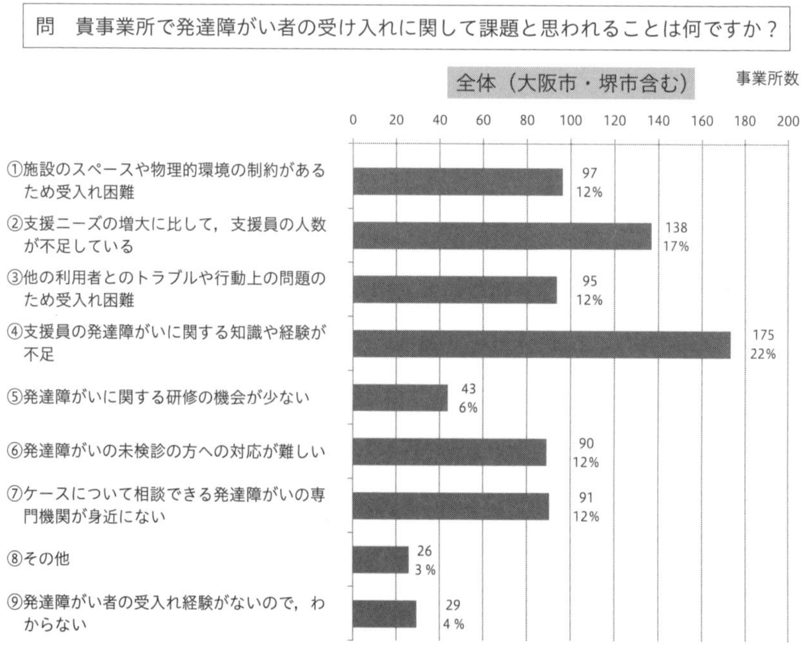

問　貴事業所で発達障がい者の受け入れに関して課題と思われることは何ですか？

図6-6　発達障害者就労支援機関の困りごと

のあった機関へ出向き，ニーズを共有し，そのニーズに合った研修等を行う形態としました。またニーズに合う研修を行いやすくするように，表 6-1 のような講座内容を事前に用意し，その内容をベースに各機関の実態に合った内容を実施しました。事前に用意したメニューとは違ったニーズもあったため，そのような内容も可能な限り対応することとしました（例：発達障害特性に関するアセスメントの概論についてや，本人の対応 3 回分を 1 回にまとめて概要的内容の提供を行うことや，企業との連携の在り方について，事例や企業関係者からの講話を入れるなど）。1 回 90 分程度を目安に 2 名の実施者で実施しています。一機関あたり最大で 5 回まで連続で受けることを可とし，2 〜 3 回を平均の実施回数として推奨していました。また就労支援ネットワークなどで実施する際には講座内容を組み合わせ，1 回で複数の内容を扱えるようにしました。実施後には感想用紙への記入を依頼し，その中で「内容を日々の支援にどれくらい活かせると思うか（0 〜 100 点）」といった自己効力感を問う項目を 1 つ設定していました。

　この事業において認知行動療法は，就労支援における本人への対応という講

表 6-1　事業プログラム一覧

	プログラム（一部）
職員対象	発達障害の就労支援について
	就労支援を取り巻く制度
	発達障害とその特性
	医療機関との連携の取り方
	就労支援における本人への対応
	就労支援における企業への対応
	知能検査と面談について
	支援員の上手なスケジュール管理

＊ 上記以外に就労支援領域の見地からの事例検討も可

		プログラム
当事者対象	必須メニュー	働く意義について
		障害の開示・非開示
		受け入れ先企業について
		就労支援機関の活用
	オプションメニュー	心理教育
		就労に必要なマナー・ルール
		採用面接の受け方
		就職者体験談
		SST
保護者対象		就労の現状を知ろう①
		就労の現状を知ろう②
		就労の現状を知ろう③
		就労の現状を知ろう④
		家庭でできる就労支援

座の中で，行動的な介入を中心とした内容が紹介・実践されています。第2章で記載した内容や森ら（2007）のティーチャーズトレーニングプログラムを就労支援に改変したものを作成し，適応させています。全3回で機能分析から行動を強化すること，環境調整の必要性などを参加者が持ち寄った事例を通じて実践的に行える内容としています。そのような本人への介入法だけでなく，就労支援そのものを幅広く網羅的に抑える内容や，就労支援の制度に関するもの，医療機関や企業との連携についてなど，支援効果を高めるために必要な要素を含めた内容も用意しました。また支援員の人員不足解消の一助とすることを目的に支援員のスケジュール管理といった支援員の業務遂行そのものの改善を図る内容も含めました。こちらは実践紹介だけでなく，ケースロードマネジメントという領域の技術を用いて，支援を行う際のタスク管理法などを紹介する内容にしていました。

　結果は，以下のようになりました（表6-2）。3年間通じて，延べ538名の支援者がプログラムを利用しました。利用機関の内訳は，就労移行支援事業6機関，就労継続A型事業3機関，就労継続B型事業10機関，障害者就業・生活支援センター（センター単体）3機関，相談支援事業所3機関，就労支援ネットワーク11機関でした。選択されたプログラムを内容別にみると，本人への対応全3回を1回にまとめた概要的な介入内容が最も多く，次いで就労支援や発達障害の特性についてまとめた内容や，就労支援を幅広く押さえた内容の利用が多くなっています。この事業においては，個別介入に関する支援法やその介入を取り巻く情報へのアクセスニーズが高いことがわかります。特にそれらの内容受講者は比較的自己効力感も高く，内容提供もニーズに合っていたことがわかります。また利用人数は少ないもののより専門性が高く，局所的な内容（知能検査について，面談技術について）などの自己効力感の平均点も高く，支援機関ごとの支援技術の成熟度や課題に応じた提供が効果があったことを示す結果となっています。一方，事例検討や事例検討と組み合わせた複合的内容や，上述した局所的な内容の組み合わせについては自己効力感の平均点が低くなっています。これは内容に充てた時間や実施形態が適していなかった可能性を示唆しています。このような内容を学ぶために確保する時間や事例検討など個別性の高いものを扱う際の実施形態（縦断的に行うための実施計画やSVを行う者を支援機関内で雇用する体制など）の変更を検討していくことでより効

表6-2　コーディネーター派遣事業の結果について

メニュー名	受講人数	自己効力感
就労について	63	58
障害特性について	53	61
企業の話	14	59
関係機関の話	5	56
本人への対応①	22	49
本人への対応②	26	52
本人への対応③	10	51
上手なスケジュール管理	24	55
発達障がい者本人への対応（概要）	102	63
面談技術について	3	76
知能検査について	4	71
医療機関との連携について	28	65
事例検討	4	48
本人への対応③・上手なスケジュール管理	4	75
障害特性について・企業の話	4	76
就労について・本人への対応（概要）	22	66
就労について・障害特性について	70	62
発達障がい者本人への対応（概要），事例検討	9	57
発達障害と就労支援＋面談技術	3	76
事例検討とアセスメントについて	6	45
知能検査と面談技術・スケジュール管理	12	69
知能検査と面談技術	8	57
本人への対応（概要*），企業との連携	14	66
就労支援と本人への対応（概要）	28	58
計	538	61

　■……複数のメニューを1回実施
　■……受講人数が20人以上かつ自己効力感60点以上
＊概要については3回分の内容を1回で行った

果が高まることが考えられます。

　また就労支援ネットワークはそのネットワークが形成された時期で，ネットワークの成熟度が違い，希望する内容の違いや，事業の活用目的が違うことがみられました。ネットワークをより強固にするために構成機関の課題意識を共有することを目的として事業を活用するネットワークもあれば，すでにそのような共有はなされ，より専門性を高めるための技術向上を目的として活用するなどといった違いがみられました。ネットワークの構築・発展においては，ネットワーク自体の発展経緯（ライフサイクル）をアセスメントすることで，効果を高めることが可能であると考えられました。

　以上のことから，行動的介入を中心にした認知行動療法の研修はコンサルタント形式による人材育成においても有用であると言えます。

4．おわりに

　現在，就労支援従事者の人材育成においても，認知行動療法を用いた介入は増えつつあります。行動的な介入は主に発達障害児を対象とした支援領域で先駆的に実施され，それが成人期以降の支援員育成にも適応されつつあります。一方，発達障害のある者の二次障害や併存症としての精神症状への対応として，認知行動療法の適応は増えています。そのような背景から人材育成においても認知面等を含めた包括的な内容を提供することが求められていくと思われます。コンサルタント対象の支援機関をしっかりとアセスメントした上で，内容だけでなく，実施する形態にも柔軟に対応してゆくことが重要であると言えます。

引用文献

池田浩之・田中翔（2014）．発達障害のある者に対する就労支援従事者への支援者トレーニングに関する検討〜平成25年度大阪府委託事業の報告より〜．日本職業リハビリテーション学会第42回発表論文集．

池田浩之・田中翔（2015）．発達障害のある者に対する就労支援従事者への支援者トレーニングに関する検討（2）〜地域の就労支援ネットワークを活用して〜．日本認知・行動療法学会第41回発表論文集．

厚生労働省職場適応援助者養成研修のあり方に関する研究会（2020）．

森淳子，小関俊祐，加藤美朗ほか（2007）．応用行動分析チェックリスト教師版作成の試み．日本行動療法学会大会発表論文集．

第 3 節

地域の課題解決への取り組みから考える人材育成

谷口敏淳

1．はじめに

　疾病や障害により働くことに支障がある方々を支えるうえで，自治体などでも，より広く地域全体への研修や普及啓発が取り組まれています。特に精神障害や発達障害については，目に見えないことでその障害の評価が異なりやすいため，障害当事者に対する周囲のサポートが遅れてしまうことや，関係する機関間の連携が難しくなる状況がみられます。こうした精神障害の特性からも，地域全体への発信がより重要な分野と言えます。

　本節では，筆者がこれまで地域を対象に取り組んできた活動を一つの事例として，地域における人材育成の実践を紹介します。まず筆者の背景を簡単に紹介し，これまでの経験から，地域にある課題の理解と人材育成の実践について考えていきます。

〈筆者の背景〉

　心理系大学院を修了後，総合病院精神科の常勤心理職として 10 年間勤務してきました。その中で，精神科外来において外来患者の復職支援に携わってきたことに加え，勤務病院の医療従事者のメンタルヘルスについて取り組んできました。そうした経験から，2016 年からは地域の労働局から発達障害者専門指導監を委嘱されており，地域の企業や労働支援機関の職員に対して，精神障害や発達障害などメンタルヘルスに関して研修等を行ってきました。また 2016年から一般社団法人 Psychoro を立ち上げ，外部 EAP として民間企業や医療機関の職員に対する心理支援や研修等に取り組んできました。こうした実践を踏まえて，職業リハビリテーションや CBT に関して学会発表や研究等を行なっています。

2．働く精神障害者の支援における地域の課題

　精神障害者に対する職業リハビリテーションに関する主な地域の課題の一つ

に，"コミュニケーションの難しさ"があります。そしてこのコミュニケーションを「組織内のコミュニケーション」と，「機関間のコミュニケーション」に分けて考えてみます。まず「組織内のコミュニケーション」とは，精神障害当事者と同僚や上司とのコミュニケーションの難しさを意味しています。これらは感覚的に想像できるものと思いますが，精神障害者の離職理由として「職場の雰囲気・人間関係」（33.8%）が最も高く，当事者が求める職場の改善点として「コミュニケーションを容易にする手段や支援者の配置」（20.4%）が上位にきていることからもわかります（厚生労働省，2013）。そして精神障害者雇用の1年後の職場定着率は50%を下回っており，身体障害や知的障害と比較して低いことが示されています（厚生労働省，2017）。これらの実態から，やはり精神障害者が安定して働くために組織内のコミュニケーションをサポートする視点が必要でしょう。

　これら組織内のコミュニケーションに対する支援を考える上で，組織と個人の支援について簡単に述べたいと思います。まず組織に対しては，精神疾患に対するスティグマへの対応です。当然，組織内のスティグマが強いほど，精神障害当事者とのコミュニケーションが乏しくなることは想像に難くないでしょう。日本の若者を対象にした研究ですが，精神疾患に関する生物学的な説明（脳の機能不全によるもの）や（Ojio et al., 2019），精神障害当事者のインタビュー映像の視聴（Koike, et al., 2018）が精神疾患へのスティグマ低減に有効であることが示されています。組織内に向けた研修や情報発信の機会があれば，これらの知見を参考に発信していきましょう。次に，個人への具体的な支援の方向性として，専門家は「ファシリテーター」を目指して動くことが大切だと考えています。以前よりチーム医療における心理職の役割として，患者と医療従事者の関係をサポートする「媒介者」や「コンサルタント」としての役割は示されてきました（鈴木，2008）。ただ産業分野においては，非専門職である職場の同僚や上司と精神障害当事者の関係を促進する「ファシリテーター」としての役割も重要だと感じます。実際の臨床では，職場の同僚や上司と精神障害当事者の間を取り持つ「メディエーター」としての役割から始まりますが，そこに留まっていると，逆に職場内のコミュニケーションを阻害することにもなってしまいます。職場環境と当事者の状況を見ながら，安全かつ直接的な対話を作るように意識しましょう（図6-7）。

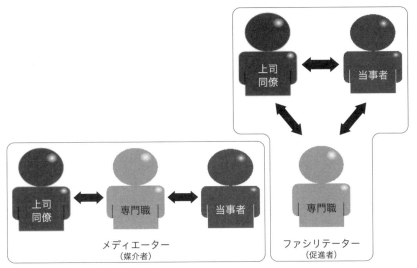

図 6-7　コミュニケーション支援における専門職の役割

　次に,「機関間のコミュニケーション」です。つまり他機関との連携です。精神障害者の雇用主に対する調査では,精神症状が目に見えないことに対する不安や対応の難しさ,支援機関との連携の不十分さなどから,精神障害者と一緒に働くことの難しさが示されています(Shankar, 2014；障害者総合支援センター,2016)。ここから機関間のコミュニケーションをいかに円滑にできるかが,精神障害当事者やその職場にとって重要であると考えられ,特に医療との連携について深めて考えていきます。

3．機関間の連携(コミュニケーション)における問題点

1)疾病性と事例性

　特に医療機関と他の機関との連携において意識しておかなければならないのが,この両者の視点の違いです。「疾病性」とは症状や病名などに関することで,専門家が判断する内容です。一方「事例性」とは,勤務状況の悪化や仕事上のミス,また周囲とのトラブルの出現など実際に呈示される客観的事実であり,関係者はその変化に気がつくことができるものです(大西,2006)。そして職業リハビリテーションにおいては,働く現場で生じる問題が中心であり,事例性への対応が求められます。しかしながら,こうした問題の相談先である

医療機関は，あくまで背景にある疾病の治療に関する専門家です。もちろん事例性の背景にある疾病の影響の評価が最優先ではありますが，事例性への対応については医療機関の判断をもとに，現場の環境調整を含めた包括的な視点で進めていくことであるという認識を持つ必要があります。

2）状態を測る"物差し"の違い

　私たちの体調を示す指標の一つとして体温があります。この体温は私たちの生活に浸透しており，その数値のみでその人の健康状態を推測できる優れた指標と言えます。ではメンタルヘルスの状態については，私たちはどのように評価し，伝えているのでしょうか。医療機関であれば医師をはじめとした医療従事者による問診でしょうし，労働支援機関では独自の評価チェックシートなどがあります。そして一緒に働く同僚の方々は，勤務の状況や表情などから判断しているなどを耳にします。つまり，連携を難しくしている要因の一つとして，この評価のツールが統一されていないことが大きいと考えられます。ここから，日々の臨床実践において当事者はもちろん，関係する支援者のあいだで"メンタルヘルスを評価する指標を揃える"という視点が，円滑な連携に役立つのではないでしょうか。

3）医療との連携における構造上の課題

　これまでも述べてきた通り，例えば働いている精神障害当事者の方の調子の悪化が認められた場合（事例性），会社側としては医療機関への相談や受診を勧めることになります。そして医療機関の意見をもとに，業務の調整など対応を行うという流れが一般的です。このように，精神症状の評価と就労の可否の判断については主治医が行うため，精神障害者の就労支援では，医療機関との連携が必須になります。ただここで問題となるのが，医療機関がその当事者の状況を必ずしも十分に把握できているわけではない点です。もちろん受診した際にきっちり状況を聴取するわけですが，医療機関側の視点で見ると，症状を抱えながらも働けている方々というのは，通院している患者の間では相対的に"適応が良い方"だと言えます。と言うのは，医療機関では精神症状等で働けない状態の方々はもちろん，精神症状により通常の生活を送ることさえ困難な病態の方もケアをしています。そうなると，働いている方々は患者の中でも"適応

が良い方"となるため，必然的に受診間隔は広くなり，当然のように医療との関わりは薄くなっていきます。これは患者の治療と社会参加が進んだ結果として自然な対応なわけですが，こういう構造の中で，調子が悪化した職員の「事例性」への対応について医療機関が十分に対応できるかというと，やはり難しいのが現状です。このように精神疾患における医療的な治療と，働く方々へのケアには支援の溝が生じており，連携によってどのように埋めていくのかが地域の課題の一つと考えています。

4．具体的な実践

　筆者は2016年から地域の労働局より発達障害者専門指導監を委嘱されてきました。この役割は，①事業主に対する意識啓発，②労働関係スタッフに対する知識の付与，③事業主に対する不安軽減対策，の3つとされており，地域の企業を対象とした研修を中心に活動してきました。また，2021年度からは地域の障害者就業・生活支援センターのスーパーバイザーも拝命し，地域で職業リハビリテーションに携わる相談員の支援にも携わるようになりました。ここでは地域に向けた活動事例として，筆者の取り組みをいくつか紹介します。

1）研修・講演

　これまで企業の障害者雇用に関する担当者を対象に研修を実施してきました。筆者が精神医療機関の心理職であったこともあり，精神医療の立場から先に述べた3つの課題をサポートすることを意識した内容を考えてきました。以下は，これまでの研修で評価が良かった代表的な内容とその留意点です。やはり集合研修の場合は一方向的な講義形式になりますが，研修の構造としては，テーマに関する統計的な情報や学術研究により示されるエビデンスを示したのち，それらについて筆者の臨床経験に基づき具体的に解釈や批判も提示する形で進めています。

〈具体的な内容と留意点〉
①企業内における判断と対応
　企業で対応する方々が知りたい内容を伺うと，ほとんどの場合「精神症状に関する判断と対応」と返答されます。具体的には「どこまで企業で対応すべきで，どこから専門機関に相談すべきなのか？」や「具体的にどのように対応を

すればいいのか？」といった内容です。これらの要望に対して研修で行えることを考えてきましたが，まずは判断の基準を示す一つの方法として，精神症状を定量的に評価できる心理測定尺度の紹介があります。特にそれぞれの尺度の項目は，疾患や概念をあらわす具体的な内容になっていることから，尺度の著作権に留意しつつ講演で取り上げています。なお，取り扱う尺度は信頼性や妥当性が検証されていることはもちろん，できれば各分野で用いられるゴールドスタンダードなものを用いることが望ましいでしょう。次に具体的な対応については，認知行動モデルに基づいて説明しています。特に出来事ではなく，その捉え方や感情を確認する問いかけ（「そのことでどう思ったの？」「どんな気持ちになったの？」）を意識して関わることを推奨しています。そしてやはり具体例を織り交ぜながら話すことが大切です。こうした判断と対応についてはさまざまな切り口があると思いますが，医療の価値観や限界に触れつつ，疾患の判断や対応の基本的なエッセンスを伝えていくことで，医療との連携も円滑になると考えています。

②精神障害に関する認知行動的理解

　そもそも精神障害とは何かについて，ICD-10（日本語版）に記載されている「精神及び行動の障害」という表現から説明を試みています。特につかみどころのない「精神」という表現について，「思考」「感情」「認知機能」の3つを合わせた概念であるとし，外顕的に観察可能な「行動」の背景にあるプロセスとして説明しています。そしてその「精神」の部分である「思考」「感情」の推測や聞き取りがケアにつながると説明し，抽象的な概念でなく具体的で対応可能な疾病であることを伝えています。さらに，「障害」についてはICF（国際生活機能分類）の概念から口頭で説明しています。つまりこうした症状による主観的苦痛と同時に，社会参加・社会適応への支障が大きな基準の一つであるとし，周囲の配慮や工夫によって「障害」がなくせる可能性についても言及しています。なお「精神」に関する理解は多様であり，この説明はCBTを意識した切り口として用いています。

③カウンセリングテクニック「オウム返し」

　安全なコミュニケーションに向けた具体的なスキルとして，「オウム返し」

を紹介しています。私たち対人援助職にとっては当然のテクニックですが，一般の方々にとっては具体的で実施しやすく，またインパクトのあるテクニックとして受け止められることが多いようです。そしてこのテクニックの本質的な有用性は，オウム返しで会話を進めていくことで，話してきた相手が本当は何が気になっているのかを深めていく作業のサポートになることだと考えています。こうした具体的なスキルの紹介は研修では好まれるかと思います。実際の具体例を交えて説明することをお勧めします。

2）CBT の勉強会の開催

　筆者は総合病院精神科の常勤心理職の時期に，CBT の勉強会を開催していました。心理職が中心でしたが，医師や看護師，地域の産業保健師の方々が参加しており，CBT の基本的な理論の学習や事例検討を行っていました。また，CBT の学習を通じて，地域の対人援助職同士の交流の場としても機能しており，日々の臨床でもそのつながりが活きていました。

〈具体的な内容と留意点〉

①技法の前にある学習理論の学習

　CBT は効果検証された構造化されたプログラムと，そこで用いられる種々のツールが特徴の一つです。そのため，背景にある学習理論に触れることなく取り組む支援者もおり，CBT の専門家として危惧しているところです。もちろん，CBT の有効性は構造化したプログラム単位で検証されたものが中心であるため，その対象に合わせたプログラム通りに行うべきです。ただ実際の臨床でプログラム通りに進まない場合に，CBT の基盤となる学習理論と関連づけて考えられているかどうかで，判断と対応が大きく変わります。したがって，CBT の勉強会では必ず理論について触れてから進めるようにしてください。

②事例検討以外のコンテンツの準備

　CBT の背景にある学習理論はシンプルであるため，その基本は比較的容易に学ぶことが可能です。そうすると，定期開催の場合には早い段階で学習自体は終わることになります。その後は事例検討となっていきますが，ここでの課題が，事例提供者がなかなか見つからないことです。特に学びはじめた段階では事例を出すことが難しいため，企画者が積極的に提示していくことになり，負

担も大きくなっていきます。そうした状況を防ぐためにも，事例検討以外のコンテンツを準備しておくことが望ましいと感じています。ロールプレイを用いた体験的に学ぶ機会を作ることや事例論文の抄読会，また，CBT は対象疾患ごとに効果検証されたプロトコルがあります。これらそれぞれのマニュアルを読み進めながら，根底にある理論との関連を理解することもよいのではないでしょうか。

3）「企業間ネットワーク」への参画

　筆者が活動している地域において，障害者雇用に取り組む企業同士が一緒に学び，そして情報交換ができる集まりとして「企業間ネットワーク」が立ち上がりました。事務局として地域の生活就業・生活支援センターが中心となって進めており，中心となっている数社の担当者で企画を考え，年2回の研修会を行なっています。筆者はこの企業間ネットワークの立ち上げから専門家として参画しており，本ネットワークの進め方について提案等を行なってきました。最後にそこでの活動について紹介します。

〈具体的な内容と展望〉

　この企業間ネットワークが企画する研修会において，先に述べた「機関間の連携（コミュニケーション）における問題点」について発表しました。特にメンタルヘルスの状態を測定する“物差し”を地域でそろえることが他機関との連携だけでなく，精神障害当事者との直接的なコミュニケーションにおいても有効である可能性について述べました。その結果，このネットワークにおいてどのような尺度が望ましいか，また実際の運用に向けてどのような課題があるかなどを継続して検討していくことになりました。今後，代表的なうつや不安の症状評価尺度を本ネットワークの研修会で提示し，実際に企業内で用いることを想定した場合に使いやすい尺度を選ぶ作業や，また，実際の運用に向けた課題について挙げていく作業を進めていく予定です。また，こうした動きは望ましいものの，地域全体で考えなければならない大きな課題にも直面しました。それは早期発見ができたとしても，それに対応できるだけの地域の資源がないということです。本実践について関わりのある地域の精神科医の意見を伺ったところ，大切な取り組みではあると理解はいただけました。ただし，精神科の初診が1～2カ月先であるこの地域では，医療機関での対応が難しいというこ

とでした。こうした状況から医療との連携までは難しいものの，まずは各企業における判断の基準の一つとして症状評価尺度について検討をしていくことになりました。そして将来的には，医療機関に行く前の段階で，CBT や適切な環境調整といった有効性が認められた非薬物療法が提供できるシステムを整えていけたらと思っています。

　地域を巻き込む形で進めている本実践は，CBT と職業リハビリテーションという視点から 3 つの意義があると考えられます。まず 1 点目は，働く人々のメンタルヘルスケアの難しさについて，連携における構造的な課題として理解している点です。それぞれの立場を踏まえた上で，地域で協力して解決できる課題として関係各所と共有し，解決に向けて進めていきたいと考えています。2点目は，精神症状評価尺度を検討するプロセスで，うつや不安といったメンタルヘルス不調についてより具体的に知ってもらえる機会になることです。そして尺度を介することで，組織内において精神障害当事者の症状や困りごとについて直接的な対話を促すことができれば，それだけで就労の維持につながると言えます。そして最後に，職業リハビリテーションにおける認知行動療法の普及につながると考えています。精神症状評価尺度はあくまでも判断のサポートであり，その次に対応についても深めていくことになります。そこに CBT は必ず役に立てる技法ですし，医療資源が乏しい状況も含めて考えると，この取り組みを通して，地域で CBT や適切な環境調整が提供される仕組み作りにつなげていけたら理想だと言えます。

5．おわりに

　筆者が地域で取り組んできた経験や，現在取り組んでいる課題解決に向けた実践を通じて就労支援従業者の「育成」を考えてきましたが，地域の課題解決のプロセス自体が育成の第一歩になるのだと感じました。同時に，これら実践の有効性を定量的に評価できていないところが大きな課題だと感じました。今後，こうした課題解決に向けた実践そのものに加え，教育効果を検証できるような定量的評価方法を実践の中に組み込んでいきたいと思います。

　最後に，地域ごとに医療資源や制度等の違いはあると思いますが，本節が，直面する課題とその解決に向けた実践を考える際の一助になれば幸いです。私たちも引き続き職業リハビリテーションや CBT の専門家として，一般企業や行

政といった地域の非専門家とコミュニケーションを取りながら，働く人々のメンタルヘルスを支えるための仕組み作りに挑戦していきます。

引用文献

Koike, S., Yamaguchi, S., Ojio, Y., Ohta, K., Shimada, T., Watanabe, K.,… & Ando, S. (2018)．A randomised controlled trial of repeated filmed social contact on reducing mental illness-related stigma in young adults. *Epidemiology and psychiatric sciences*, 27(2): 199-208.

厚生労働省 (2013)．精神障害者の離職理由．Retrieved from https://www. mhlw. go. jp/ stf/wp/hakusyo/kousei/18/backdata/01-01-01-38. html（2022 年 1 月 28 日閲覧）

厚生労働省 (2017)．障害者雇用の現場等．Retrieved from https://www. mhlw. go. jp/ file/05-Shingikai-11601000-Shokugyouanteikyoku-Soumuka/0000178930. pdf（2022 年 1 月 28 日閲覧）

大西守 (2006)．職場でのメンタルヘルス活動・管理の実際．松仁会医学誌，45(1): 1-6.

Ojio, Y., Yamaguchi, S., Ohta, K., Ando, S., & Koike, S. (2020)．Effects of biomedical messages and expert-recommended messages on reducing mental health-related stigma: a randomised controlled trial. *Epidemiology and psychiatric sciences*, 29.

Shankar, J., Liu, L., Nicholas, D., Warren, S., Lai, D., Tan, S.,… & Sears, A. (2014)．Employers' perspectives on hiring and accommodating workers with mental illness. *Sage Open*, 4(3): 2158244014547880.

障害者総合支援センター（2016）．調査研究報告書 No. 128「精神障害者の雇用に係る企業側の課題とその解決方策に関する研究」．Retrieved from https://www. nivr. jeed. go. jp/research/report/houkoku/houkoku128. html（2022 年 1 月 28 日閲覧）

鈴木伸一編著 (2008)．医療心理学の新展開―チーム医療に活かす心理学の最前線．北大路書房 .

あとがき

　筆者が「職業リハビリテーション」（以下，職リハ）という言葉を知ったのは，まさにこの書籍の土台となった，認知・行動療法学会（旧行動療法学会）で続けてきたシンポジウムの第1回目（2013年・東京大会）に登壇したことがきっかけでした。当時，総合病院の心理職として精神科外来で心理支援を中心に行なっており，その一環として行なっていたアウトリーチを含む就労支援の実践とその可能性について話題提供しました。その際，自分の実践に関する概念上の枠組みがわからず不確かさを抱いていたので,「職業リハビリテーション」という枠組みを知ることができたことは，今日の実践につながる貴重な一歩でした。その発表からこれまでの約10年，池田先生を中心に毎年のように議論を重ねてきました。その一つの到達として，こうして書籍にまとめられたことを感慨深く感じます。

　本書籍は，わが国において職リハと認知行動療法についてまとめられた初めての書籍ではないでしょうか。ここまで読まれたみなさんは，どんな感想をお持ちでしょうか？　職リハの歴史や現状について包括的に述べられた一章を皮切りに，医療・保健，産業・労働，福祉といった主な領域での実践や研究，さらに地域を含めた人材育成にまで広範な内容を扱っています。各章の多くは2名以上の執筆者にご担当いただき，できるだけ実践家と研究者の構成を意識しました。全ての章で叶ったわけではありませんが，それぞれの領域における認知行動療法の活用を知っていただけたのではないでしょうか。

　一方，職業リハビリテーションは非常に広範かつ多様であることも感じられたかと思います。医療や教育，産業や司法と関わる領域は広く，当然のように関わる職種やその専門性も多様です。精神障害者の雇用とその維持に向けた支援においては，その障害当事者と一緒に働く労働者のケア，また障害者を雇用する組織全体への支援までを考えると，社会福祉はもちろん精神医学的な知識から公衆衛生的な視点も必要になります。このように書いていても，改めて精神障害を抱える方々の就労支援はそうそう簡単な仕事ではないと思います。そのため，本書でフォローできていない部分も多くありますが，職業リハビリテ

ーションにおける認知行動療法の実装はまさに草創期といえ，その実現に向けたプロセスとして捉えていただければ幸いです。

　認知行動療法は，これからの日本の職リハにおいてどのような役割を担えるのでしょうか？　うつや不安といった個人の精神症状や問題行動に対する有効性が認められている心理療法として，認知行動療法は確実に広まりつつあります。ただ，この職業リハビリテーションにおいては，もう一歩，この多様かつ広範な専門性を支える多職種・多機関連携を有機的に機能させる，"ソフト面のインフラ"として役割を拡げられるのではないか……そんな可能性を強く感じています。一人の実践家として，これからも実践と考察，そして仲間と話し合いながら進んでいく所存です。

　最後に，本書の刊行にあたり，厳しいタイムスケジュールの中，各章を執筆くださった先生方に心より感謝申し上げます。また，遠見書房の駒形大介さんには，経験の浅い両編者に対して丁寧かつ根気強く関わっていただき，発刊できる形まで整えて頂きました。この場を借りて御礼申し上げます。そして何より，今回この書籍を手に取ってくださった読者の方々に改めて感謝を伝えると同時に，今後の職業リハビリテーションにおける認知行動療法の発展をともに進める仲間として，ぜひ一緒に歩んでいただけることを願っています。一人でも多くの方が，精神障害やメンタルヘルス不調を理由に働くことを諦めなくてよい社会に向けて。

谷口敏淳

索　引

執筆者一覧（掲載順，＊は編者）

大島　巌　　　東北福祉大学総合福祉学部社会福祉学科
加藤美朗　　　関西福祉科学大学教育学部教育学科
内田　空　　　クボタワークス株式会社
池田浩之＊　　兵庫教育大学大学院臨床心理学コース
山本　彩　　　札幌学院大学心理学部臨床心理学科
谷口敏淳＊　　一般社団法人 Psychoro ／株式会社 Psychoro
渡邊明寿香　　兵庫教育大学大学院連合学校教育学研究科
伊藤大輔　　　兵庫教育大学大学院学校教育研究科
松永美希　　　立教大学現代心理学部心理学科
金澤潤一郎　　北海道医療大学心理科学部
千田若菜　　　医療法人ながやまメンタルクリニック
陶　貴行　　　株式会社 LITALICO　LITALICO 研究所

編著者紹介

池田浩之（いけだ ひろゆき）

1982 年生，鹿児島県出身。博士（学校教育学）。公認心理師，臨床心理士，認知行動療法スーパーバイザー。NPO 法人大阪精神障害者就労支援ネットワークを経て，兵庫教育大学大学院臨床心理学コースの教員となる。専門は精神障害・発達障害のある成人への就労支援を中心とした職業リハビリテーションおよび認知行動療法。関西圏域における就労支援を通じて，発達障害のある成人への認知行動療法を用いた就労支援プログラムの開発研究や Web システムを用いた定着支援手法の開発を行う。近年は発達障害的特性の高い大学生の就職支援や職場定着に影響を与える雇用環境の調査研究を行っている。趣味は剣道。
編著書に『認知行動療法を生かした発達障害児・者への支援』（ジアース教育新社，2016）など。

谷口敏淳（たにぐち としあつ）

1981 年生，大阪府出身。博士（医学）。公認心理師，臨床心理士，精神保健福祉士，専門行動療法士，認知行動療法スーパーバイザー。大学院修了後，総合病院精神科の常勤心理士として医療現場の心理支援に従事。その中で，精神障害者の就労支援や勤務病院の職員の心理支援などに取り組む。2016 年からは鳥取労働局発達障害者専門指導監を委嘱され，地域全体の研修等にも関わる。その後，福山大学人間文化学部心理学科准教授を経て，2019 年 4 月より一般社団法人 Psychoro の活動に専念。"安全に対話できる社会"を目指し，臨床実践，研究，講演活動等をしている。
『代替行動の臨床実践ガイド』（北大路書房，2022），『テレワークで困ったときに読む本』（中央経済社，2020）などを分担執筆。

職業リハビリテーションにおける認知行動療法の実践
精神障害・発達障害のある人の就労を支える

2023 年 4 月 14 日　第 1 刷

編著者　池田浩之・谷口敏淳
発行人　山内俊介
発行所　遠見書房

〒 181-0001　東京都三鷹市井の頭 2-28-16
株式会社　遠見書房
TEL 0422-26-6711　FAX 050-3488-3894
tomi@tomishobo.com　https://tomishobo.com
遠見書房の書店　https://tomishobo.stores.jp/

印刷・製本　モリモト印刷

ISBN978-4-86616-169-3　C3011
©Ikeda Hiroyuki & Taniguchi Toshiatsu 2023
Printed in Japan

※心と社会の学術出版　遠見書房の本※

遠見書房

世界一隅々まで書いた
認知行動療法・認知再構成法の本
　　　　　　　　　　　伊藤絵美著
本書は，認知再構成法についての1日
ワークショップをもとに書籍化したもの
で，ちゃんと学べる楽しく学べるをモッ
トーにまとめた1冊。今日から使える
ワークシートつき。2,860円，A5並

世界一隅々まで書いた
認知行動療法・問題解決法の本
（洗足ストレスコーピング・サポートオフィス）伊藤絵美著
本書は，問題解決法についての1日ワー
クショップをもとに書籍化したもので，
ちゃんと学べる楽しく学べるをモットー
にまとめた1冊。今日から使えるワーク
シートつき。2,860円，A5並

**一人で学べる認知療法・マインドフルネス・
潜在的価値抽出法ワークブック**
生きづらさから豊かさをつむぎだす作法
　　　（鳥取大学医学部教授）竹田伸也著
認知行動療法のさまざまな技法をもとに
生きづらさから豊かさをつむぎだすこと
を目指したワークを楽しくわかりやすく
一人で学べる1冊。1,320円，B5並

質的研究法 M-GTA 叢書 1
**精神・発達・視覚障害者の就労スキルをど
う開発するか**──就労移行支援施設（精神・
発達）および職場（視覚）での支援を探る
　　　　　（筑波技術大学）竹下　浩著
就労での障害者と支援員の相互作用を
M-GTA（修正版グランデッドセオリーア
プローチ）で読み解く。2,420円，A5並

臨床心理学中事典
　　（九州大学名誉教授）野島一彦監修
650超の項目，260人超の執筆者，
3万超の索引項目からなる臨床心理学と
学際領域の中項目主義の用語事典。臨床
家必携！（編集：森岡正芳・岡村達也・
坂井誠・黒木俊秀・津川律子・遠藤利彦・
岩壁茂）7,480円，A5上製

よくわかる 学校で役立つ子どもの認知行動療法
理論と実践をむすぶ
　　（スクールカウンセラー）松丸未来著
ブックレット：子どもの心と学校臨床
（7）子どもの認知行動療法を動機づけ，
ケース・フォーミュレーション，心理教
育，介入方法などに分け，実践的にわか
りやすく伝えます。1,870円，A5並

ACT マトリックスのエッセンシャルガイド
アクセプタンス＆コミットメント・セラピーを使う
　　　K・ポークら著／谷　晋二監訳
本書は，理解の難しい ACT 理論を平易
に解き明かし，実践に役立てられる1冊
で，誰でも明日から使える手引きとなっ
ている。15種類のワークシートつき。
5,390円，A5並

産業・組織カウンセリング実践の手引き
基礎から応用への全8章［改訂版］
　　三浦由美子・磯崎富士雄・斎藤壮士著
ベテラン産業心理臨床家がコンパクトに
まとめた必読の1冊。産業臨床の現場で
の心理支援，企業や組織のニーズを汲み，
治療チームに貢献するかを説く。ポスト
コロナに合わせ改訂。2,640円，A5並

ライフデザイン・カウンセリングの入門から実践へ
社会構成主義時代のキャリア・カウンセリング
　　日本キャリア開発研究センター　監修
編集：水野修次郎・平木典子・小澤康司・
国重浩一　働き方が変わり新たなライフ
デザインの構築が求めれる現代，サビカ
ス＋社会構成主義的なキャリア支援の実
践をまとめた1冊。3,080円，A5並

N: ナラティヴとケア

ナラティヴがキーワードの臨床・支援者
向け雑誌。第14号：ナラティヴ・セラピー
がもたらすものとその眼差し（坂本真佐
哉編）年1刊行，1,980円

価格は税込です